Klaus Pegler

# Frohnauer Geschichten

*Klaus Pegler*

# Frohnauer Geschichten

## Erlebtes und Erforschtes

19 Mosaiksteine aus Frohnaus
Vergangenheit und Gegenwart

Alektor Verlag Berlin 2005

*Bibliografische Information Der Deutschen Bibliothek*: Die Deutsche Bibliothek verzeichnet diese Publikation in der Deutschen Nationalbibliografie; detaillierte bibliografische Daten sind im Internet über http://dnb.ddb.de abrufbar.

Titelbild:
Blick vom Turm der Johanneskirche auf die Frohnauer Brücke


Berlin 2005, 6. korr., verb. u. überarb. Druck 2008

Gesetzt mit pdfLaTeX 2ε / KOMA-Script
Layout: Claus P. Wagener
Gesamtherstellung:
Books on Demand GmbH, 22848 Norderstedt
ISBN 978-3-88425-083-9

# Inhaltsverzeichnis

# Geleitwort

von Christa Zillessen

Menschen sind verschieden, jeder ein Unikat; dennoch haben sie – mit Abstand betrachtet – in Erscheinung, Fähigkeiten und Gewohnheiten unendlich viel Gemeinsames. Das betrifft sicher auch die Erinnerungen von Menschen, die gleichaltrig an gleichem Ort aufgewachsen sind.

Klaus Peglers Erinnerungen an das Frohnau der Nachkriegszeit und danach sind zum Teil andere als meine, aber der skizzierte Hintergrund aus örtlichen, wirtschaftlichen, politischen und personenbezogenen Gegebenheiten hat in mir Erlebnisse wachgerufen, an die ich jahrzehntelang nicht gedacht hatte. Manches war gleich, vieles ähnlich, einiges neu und hoch interessant.

Ich habe meiner Mutter daraus vorgelesen, und wir stellten fest, wie unterschiedlich die Beurteilung des Erlebten bei Menschen verschiedener Generationen ist. Da gab es zum Beispiel die Französinnen, Ehefrauen der Offiziere der hiesigen Besatzungsmacht, elegant gekleidet, sehr geschickt geschminkt, inmitten wunderbarer Duftwolken. Dass sie kleine runde Ansstecknadeln mit den französischen Farben trugen, war eigentlich unnötig; man spürte die fremde Eleganz schon von weitem. Eben diesen Damen kamen, hochgestöckelt, vom Einkauf aus ihren Spezialgeschäften und trugen die herrlichen Orangen, die duftenden

Baguettestangen, den frischen Salat in Einkaufsnetzen zum Wagen, in dem ein Chauffeur auf sie wartete. Ich fand sie einfach unvorstellbar reich und ihre Eleganz überwältigend.

Meine Mutter dagegen empfand die »Kriegsbemalung« für einen Einkauf unpassend und die Tatsache, dass den Deutschen in Einkaufsnetzen das für sie Unerreichbare vorgeführt wurde, als »bezeichnend«. Kriege sind eben nicht mit dem letzten Schuss zu Ende.

Ich habe die Aufzeichnungen von Klaus Pegler so gern gelesen, dass ich sie weiter geschenkt habe an Geschwister, Freunde und unsere Kinder – mit gutem Echo. In den sich daraus ergebenden Gesprächen fiel dann oft die Bemerkung: »Na ja, Frohnau ist ja praktisch ungeschoren davongekommen.«

Das stimmt nur zum Teil. Auch in Frohnau sind Häuser zerbombt worden, haben viele Menschen, teilweise ganze Familien, Selbstmord begangen, sind viele Häuser beschlagnahmt worden, wurde Kostbares requiriert. Allerdings hatten viele Frohnauer einen Garten, der in Ackerland umgewandelt wurde und den kargen Speiseplan bereicherte; man hatte den Wald mit »Sammelholz« und bekanntes Umland zum Hamstern vor der Haustür.

Und anpacken konnten wir alle. Und was sich sicher für das Zusammenleben in jener sich neu gestaltenden Zeit als günstig erwies, war die Tatsache, dass wir Nachbarn alle gleich wenig hatten und bei Null anfangen mussten. Hilfsbereitschaft sowie der Austausch von Tipps und Techniken waren selbstverständlich, und aus dem Miteinander gegenüber den sich auftürmenden Hindernissen und Schwierigkeiten erwuchs eine Kraft, die heute so gern beschworen wird.

# Vorwort

Seit ich dem Berufsleben entronnen bin, kann ich es mir leisten, meinen Hobbys ausführlich nachzugehen und zwei davon zu verbinden: das Schreiben und die Geschichte. Da ich fast mein ganzes Leben in Frohnau verbracht habe, lag es nahe, meine Frohnauer Erlebnisse aufzuschreiben. Ich begann mit der »Bombennacht in Frohnau« vom 26. November 1943, die ich als Fünfjähriger erlebt hatte und in deren Verlauf unser Haus in der Nibelungenstraße zerstört wurde.

Um meine persönlichen Erinnerungen in einen größeren Rahmen stellen zu können, stöberte ich in Frohnaubüchern und surfte im Internet. Nach und nach entstanden immer mehr Texte, nicht so dramatische, wie der erste, aber immerhin kleine, hoffentlich lesenswerte Frohnauer Geschichten. »Wie war das damals eigentlich«, fragte ich mich, und »Wie hat die Geschichte Frohnaus dein Leben beeinflusst?« Mir scheint, der Einfluss war recht groß, ohne dass ich mir dessen vorher richtig bewusst war. Da war einmal die »Frohnauer Franzosenzeit«, die gerade angefangen hatte, als ich aus meinem »Exil« im mecklenburgischen Malchin und der anschließenden Flucht im August 1945 nach Frohnau zurückkehrte. Und dann war da die S-Bahn, um deren Bahnhof die Gartenstadt quasi herum gebaut worden war. Meine erste S-Bahn-Fahrt nach Frohnau hatte ich schon im zarten Alter von acht Tagen angetreten, was sicher nicht ohne Wirkung auf mein Weltbild blieb. Natürlich spielt auch das Frohnau meiner Schulzeit eine Rolle oder das kirchenmusikalische Frohnau. Schließlich interviewte ich Irmtraud Schmidt, seit 1936 Bewohnerin der Brennstoffsiedlung, und Horst Nordmann, der fünfundvierzig Jahre lang Kantor der evangelischen Kirchengemeinde Frohnau war.

»Geschichte sind Geschichten«, sagte einmal ein weiser Lehrer. Die »Frohnauer Geschichten« wollen kein neues Frohnaubild zeichnen; das wäre ein nutzloses Unterfangen. Aber sie wollen einem vorhandenen Bild noch ein paar Striche, ein paar Farbtupfer hinzufügen und denjenigen, die der Gartenstadt mehr als ein mäßiges Interesse entgegenbringen, etwas Unterhaltung und Anregung bieten.

# 1 Bombennacht

Wenn man die Straßendecke vor dem Grundstück Nibelungenstraße 54 in Frohnau aufmerksam betrachtet, dann entdeckt man eine Reihe von Teerflecken, die ein bestimmtes Muster aufweisen. Verbindet man die schwarzen Stellen, so ergeben sich Linien, die sich an einem Punkt jenseits der Straße treffen. Die Lösung des Rätsels ist einfach: Die Löcher im Straßenbeton, die mit Asphalt geflickt wurden, stammen von den Splittern einer Luftmine, die in der Nacht des 26. November 1943 über Frohnau abgeworfen wurde und in unserem – damals noch unbebauten – Nachbargrundstück explodierte. Sie machte aus unserem schmucken Einfamilienhaus eine trostlose Ruine.

Am späten Abend hatte es, wie so oft, Fliegeralarm gegeben. Die Sirenen – darunter eine auf dem Haus, in dem sich heute das Restaurant »Pantalone« am Ludolfingerplatz befindet – verbreiteten ihr furchterregendes, an den Nerven zerrendes Heulen. Wir, das heißt meine Großeltern, meine Mutter, meine beiden Schwestern und ich gingen zwar müde, aber doch schon mit einer gewissen Routine in unseren »Luftschutzkeller«, einen mit einem Baumstamm abgesteiften Raum unter dem Kinderzimmer. Hier gab es Stühle, Liegen und Decken, Löschutensilien und die unvermeidlichen Gasmasken. Wir hatten auch noch einen Schutzraum im Garten, oder vielmehr eine abgesteifte Erdhöhle, die mein Vater und mein Großvater in Eigenarbeit errichtet hatten. Doch wir hatten keine Lust, die Novembernacht in ei-

ner feuchten Erdhöhle zu verbringen. Diese Entscheidung rettete uns wahrscheinlich das Leben.

Dass wir überhaupt in Berlin waren, hatte mit den schlechten hygienischen Bedingungen zu tun, denen wir im ostpreußischen Neufreudental (Kreis Angerburg), dem Ort unserer »Evakuierung« (wie man damals nicht ganz korrekt sagte), ausgesetzt waren. Eine unerlaubte Rückkehr nach Berlin hätte den Entzug der Lebensmittelkarten bedeutet. Doch wir erhielten die Genehmigung, weil wir über und über mit Eiterbeulen bedeckt waren und dazu die Haare voller Läuse hatten. Der Möglichkeit der Gesundung waren in Neufreudental enge Grenzen gesetzt. So durften wir im September 1943 ganz offiziell zurückkehren.

Die Nächte verbrachten wir Kinder normalerweise im Luftschutzkeller der Volksschule in der Lodystraße (heute Gollanczstraße). Dort betreute man die Kinder, die noch in Frohnau lebten, und das waren immerhin eine ganze Menge. Wir gingen des Abends in diese Schule, bekamen eine bescheidene Mahlzeit und durften noch ein wenig spielen oder uns kurze Trickfilme anschauen. Geschlafen wurde in den großen Kellerräumen in Doppelstockbetten. Tagsüber strolchten die Jungen, die noch nicht schulpflichtig waren, durch die Straßen und suchten nach Granatsplittern, von denen es in Frohnau nicht wenig gab, denn auf dem Stolper Feld standen Flugabwehrkanonen, die Nacht für Nacht auf die feindlichen Flugzeuge feuerten.

Der Grund, warum wir nach einiger Zeit nicht mehr in die Luftschutzräume der Schule gingen, ist mir entfallen. Die Novembernächte 1943 mit ihren zahlreichen Bombenalarmen brachten wir jedenfalls in unserem eigenen Keller zu. In der Nacht des 26. November brummten die Flugzeuge wie üblich über uns hinweg, die Flak lärmte und ab und zu heulten Bomben und detonierten in der Nachbarschaft. Man sagte, wenn man die Bombe heulen höre, schlage sie woanders ein. Ab und zu flackerte die Kellerlampe und das Haus erzitterte. Plötzlich aber krachte es besonders laut, das Licht erlosch, meine Mutter schrie auf, griff nach den Gasmasken und versuchte, sie uns überzustreifen. Es staubte schrecklich, und mit einem Mal sahen wir, dass sich in unserem Keller neue Öffnungen aufgetan hatten, durch die Licht nach innen drang.

Mein Großvater, der den Schaden schon ahnte, ermahnte uns, im Keller, oder dem, was von ihm noch übrig war, erst einmal zu bleiben, denn schließlich war noch Vollalarm. Er selbst kroch irgendwie ins Freie und stieß plötzlich einen Schrei aus. Später erfuhr ich, dass ihn nur seine ausgebreiteten Ellbogen davor bewahrt hatten, ganz und gar in unsere Jauchegrube zu fallen, deren Deckel vom Luftdruck der Bombe weggeschleudert worden war. Das Licht stammte von zahlreichen Brandbomben, die in unserem Garten und auf der Straße brannten. Die meisten Kiefern auf unserem Grundstück waren durch den Explosionsdruck enthauptet worden, und eine Baumkrone brannte direkt vor unserer Erdhöhle und versperrte ihren Eingang.

### Berlin im Bombenkrieg

Als Vergeltung für die Bombardierung Londons durch die deutsche Luftwaffe flogen die Engländer schon am 25. August 1940 einen Angriff auf die deutsche Reichshauptstadt. Am stärksten betroffen waren damals die nördlichen Bezirke Reinickendorf und Pankow. Ein Jahr später warfen britische Bomber 82 Tonnen Sprengbomben über Berlin ab. Von 1943 an wurden die Luftangriffe immer stärker, allein am 17. und 18. Januar wurden 700 Tonnen Bomben über der Stadt abgeworfen. Nach der verlorenen Schlacht von Stalingrad erklärte Joseph Goebbels am 18. Februar 1943 den »totalen Krieg. Am 18. November begann die Luftschlacht um Berlin, befehligt von Sir Arthur Harris, genannt »Bomber Harris«, dem Chef der strategischen Luftstreitkräfte Großbritanniens. In der Nacht vom 22. zum 23. November erfolgte der bis dato schwerste Luftangriff auf Berlin. Vom 22. bis zum 26. November kamen 3758 Berliner im Bombenhagel um, 9 907 wurden verwundet und fast eine halbe Million ausgebombt. In der Luftschlacht um Berlin, also von November 1943 bis März 1944, flog die Royal Air Force 20 224 Einsätze über Berlin. – Im gesamten Krieg wurden ca. 50 000 Berliner bei Bombenangriffen getötet.

In Frohnau wurden nur verhältnismäßig wenige Zerstörungen durch Bomben angerichtet. Am 10. April 1941 fielen erste Bomben auf die Ecke Fischgrund/Rosenanger, dabei wurden sieben Häuser beschädigt. In der Walporzheimer Straße und am Bahnhof gingen viele Scheiben zu Bruch. Der folgenschwerste Angriff fand am 5. Dezember 1944 statt, als eine Reihe von Häusern in der Hainbuchen- und der Münchener Straße getroffen wurden und sieben Menschen ums Leben kamen.

Angesichts der massiven Luftangriffe wurde verstärkt der Bau von Luftschutzräumen und -bunkern betrieben. Bei der Ortsgruppe der NSDAP in der Zeltinger Straße erhielten die Frohnauer eine »Volksgasmaske«, da man Gasangriffe befürchtete.

Der Heizungskeller, in den wir um ein Haar gegangen waren,weil er wärmer als der Luftschutzraum war, existierte nicht mehr. In ihm lagen die Trümmer der Küche aus dem Erdgeschoss. Aber der Kohlenkeller neben ihm war noch begehbar. Da

Das Haus Nibelungenstraße 52 in den Jahren 1935, 1952 und 1995

der Kellerausgang verschüttet war, mussten wir, als der Alarm vorüber war, durch das kleine Fenster des Kohlenkellers ins Freie kriechen. Als wir im Vorgarten standen, sahen wir, wo überall es um uns herum brannte. Das Haus Nummer 48 stand in hellen Flammen und die Gaslaterne an der Ecke zur Hennigsdorfer Straße (heute Neubrücker Straße) hatte eine Feuerkrone. Auf der Straße standen viele Leute, die uns umarmten und sich freuten, dass wir noch am Leben waren. Man fand schnell ein Quartier für uns, in dem wir den Rest der Nacht verbringen durften. Die Erwachsenen haben sicher kein Auge zutun können, aber ich als Fünfjähriger holte wenigstens einen Teil des entgangenen Schlafes nach.

Mein Vater, der nicht eingezogen worden war, hatte die Nacht bei der Autofirma Paul Kühn zugebracht, wo er in den Bombennächten zum Wachtdienst eingeteilt worden war. Als er am Morgen zurückkam, war das untere Ende der Nibelungenstraße mit einem Seil abgesperrt. Man vermutete Blindgänger und wollte die Gegend erst sichern, bevor man sie wieder frei gab. Natürlich schwante meinem Vater Böses, denn die Straße war mit Trümmern bedeckt. Als er schließlich doch zu seinem Grundstück gelassen wurde, fand er zwar nur noch eine Ruine vor, erfuhr aber gleichzeitig, dass seine Familie unverletzt am Leben war. Von seiner Firma besorgte er sich einen Lastwagen, und mit meinem Großvater versuchte er, aus Haus und Garten zu retten,

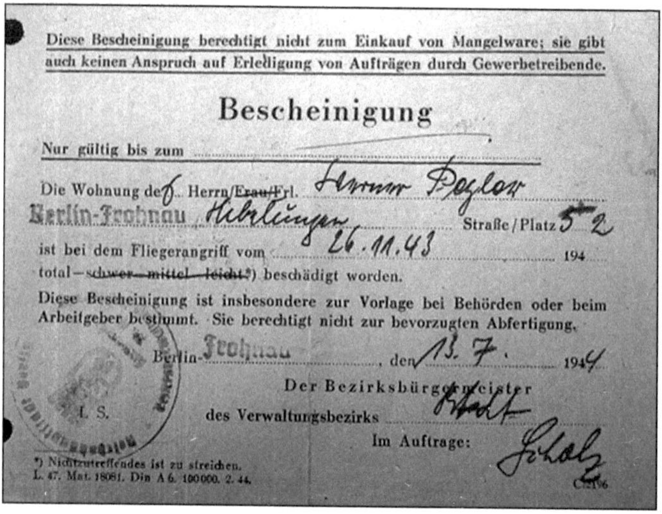

Diese Bescheinigung berechtigt nicht zum Einkauf von Mangelware; sie gibt auch keinen Anspruch auf Erledigung von Aufträgen durch Gewerbetreibende.

**Bescheinigung**

Nur gültig bis zum ..............................

Die Wohnung des Herrn/~~Frau/Frl.~~ ..............................

Berlin-Frohnau .............................. Straße/Platz 52

ist bei dem Fliegerangriff vom 26.11.43 .............................. 194

total—~~schwer—mittel—leicht~~*) beschädigt worden.

Diese Bescheinigung ist insbesondere zur Vorlage bei Behörden oder beim Arbeitgeber bestimmt. Sie berechtigt nicht zur bevorzugten Abfertigung.

Berlin-Frohnau .............................., den 13.7. .............................. 1944

L. S.

Der Bezirksbürgermeister

des Verwaltungsbezirks ..............................

Im Auftrage:

*) Nichtzutreffendes ist zu streichen.
L. 47. Mat. 18081. Din A 6. 100000. 2. 44.

was noch zu retten war. Immerhin hatte das Haus wenigstens nicht gebrannt. Die noch brauchbaren Habseligkeiten wurden auf den Lastwagen geladen, und sogar unsere Hühner und Kaninchen durften mitfahren. Noch am gleichen Abend ging es nach Malchin in Mecklenburg, dem Geburtsort meines Vaters, wo wir bei seiner Mutter Unterschlupf fanden.

## 2 Einkaufen in der Nachkriegszeit

Wer von uns Älteren erinnert sich nicht noch an das schwierige Geschäft des Einkaufens in der Nachkriegszeit? Heute ärgert man sich, wenn man lange nach einem Parkplatz fürs Auto suchen muss, um seine Einkäufe erledigen zu können. Es gibt schöne große und kleine Geschäfte in Frohnau, die fast alle im Zentrum der Gartenstadt liegen. Und da ist es kein Wunder, wenn sich dort die Autos drängeln. Als man Frohnau plante und anlegte, hatte man keine Vorstellung davon, welche Massen von Autos später unterzubringen sein würden. Dabei war man von einer Einwohnerzahl von 30 000 Menschen ausgegangen!

Nach dem Krieg hatten wir dieses Problem nicht. PKWs waren den Alliierten vorbehalten, und wer ein Fahrrad hatte, konnte sich glücklich schätzen. Die Crux war, dass das Einkaufen schrecklich viel Zeit in Anspruch nahm. Außerdem konnte man nicht einfach irgendwo und irgendwie einkaufen. Alles hatte seine vertrackte Ordnung. Die Lebensmittel holte man bei dem Händler, bei dem man eingetragen war. Und dass man sie bekam, hing mindestens von drei Voraussetzungen ab: Erstens musste die Ware vorhanden sein, was durchaus nicht immer der Fall war. Zweitens musste man die notwendigen Lebensmittelmarken haben, und die waren sehr knapp bemessen. Und drittens musste man, wie gesagt, viel Zeit mitbringen, denn ohne Anstehen war selten etwas zu bekommen.

Vor diesem Haus standen wir früher nach Lebensmitteln an

Im Nachkriegs-Frohnau gab es weniger Geschäfte als heute, obwohl noch keine Banken die Einzelhändler vertrieben hatten. Damals gab es keine einzige Bank, nicht einmal eine Sparkasse. Einige Läden waren zerstört bzw. ausgebrannt und mussten erst wieder hergestellt werden. Und die Bebauung rund um die beiden zentralen Plätze war noch unvollständig. Sowohl am Ludolfingerplatz als auch am Zeltinger Platz klafften Lücken, die zunächst teilweise mit Barackenbauten ausgefüllt wurden. Am Ludolfingerplatz, zwischen Sigismundkorso und Ludolfingerweg bauten die Franzosen 1946 ihr *Économat* (Einkausstelle für die Angehörigen der Besatzungsmacht), das zunächst am Zeltinger Platz im südlichen Gebäude an der Bahnhofsbrücke residiert hatte. Für uns kamen zunächst nur drei Geschäfte in Frage, und vor denen haben wir oft in langen Warteschlangen gestanden. Das war vor allem der Lebensmittelhändler Neels, der seine

Ware in einem ehemaligen Rundfunkgeschäft am Maximiliankorso (heute Elektro-Herz) verkaufte. Unser Fleisch, sofern es etwas gab, holten wir beim Fleischer Friedel, der sein Geschäft unter der heutigen Drogerie Douglas hatte, und für Fisch und Gemüse standen wir vor den beiden Läden des Händlers Krüger an, dort, wo heute der Raumausstatter Taenzer seine Geschäftsräume hat.

Wenn Zuteilungen auf Fleischmarken aufgerufen waren, hieß es früh aufstehen. Das betraf mehr meine Mutter als uns Kinder, denn wir mussten ja normalerweise in die Schule gehen. Aber in den Ferien oder am Nachmittag mussten auch wir uns in die Warteschlange einreihen. Die Schlange vor dem Fleischgeschäft ging in Viererreihen die Treppe rechts vom Schaufenster hoch, manchmal noch um die Hausecke herum. Dort oben, vor einem zerstörten Geschäft, gab es übrigens einen defekten Schokoladenautomaten, den ich oft verständnislos betrachtete. Wie war es möglich, dass man früher einfach Schokolade ohne irgendwelche Marken von irgendwelchen Karten aus dem Automaten holen konnte? Da konnte sich doch jeder unkontrolliert so viele Tafeln verschaffen, wie er nur wollte. Unvorstellbar! Und was gab es nicht alles für Karten! Lebensmittelkarten, Fleischkarten, Kleiderkarten, Raucherkarten, Milchkarten und wer weiß was noch.

Das stundenlange Anstehen kam auch dadurch zustande, dass man sich schon vor der Geschäftsöffnung anstellte. Sobald eine bevorstehende Zuteilung von Fleischwaren bekannt wurde, machte man »Schlachtpläne«, wer sich als erster anstellen musste und wann die Ablösung erfolgen sollte. Manchmal war auch mehr als eine Ablösung erforderlich, aber wenn es allzu lange dauerte, bis man im Laden war, konnte es passieren, dass die Ware bereits ausgegangen war und man auf einen späteren Termin vertröstet – oder eher: verwiesen – wurde. Bekam man doch noch ein Stück Fleisch ab, so ärgerte man sich darüber, dass immer noch ein Stück Knochen mit auf die Waage gelegt wurde und man auch dafür seine wertvollen Fleischmarken opfern musste. Manchmal gab es auf Fleischmarken kein Fleisch, sondern Weißkäse. Viel Zeit wurde auch dadurch verbraucht, dass das Kaufen und Verkaufen damals viel umständlicher als heute war. Der Käufer musste irgendein Gefäß mitbringen, worin er das Fleisch transportieren konnte. Am wichtigsten war natürlich die Fleischkarte, von der die Marken der jeweiligen Dekade sorgfältig abgeschnitten wurden. Und dann musste die Ware möglichst genau abgewogen werden, denn jedes Gramm war wertvoll. Diese Prozeduren dauerten natürlich ihre Zeit.

Viel Streit gab es im Zusammenhang mit den Privilegien der Schwerbeschädigten. Sie hatten zwar kein absolutes Vorrecht, durften sich aber schon unten vor der Treppe in die Schlange einreihen, etwa nach jedem fünften oder jedem zehnten »normalen« Kunden. Und nun war die Frage, kauften diese Schwerbeschädigten tatsächlich nur für sich ein, oder auch noch für andere. Oft wurden sie verdächtigt, ihre Privilegien kommerziell auszunutzen. Jedenfalls gab es manchmal scharfe Auseinandersetzungen bis hin zu Rangeleien, die von der Polizei beendet werden mussten. Verdenken konnte man den Leuten die ruppige Reaktion nicht, denn nicht nur das lange Anstehen hatte an ihren Nerven gezerrt, sondern auch die Befürchtung, letzten Endes leer auszugehen. Wir Kinder hatten da einen schweren Stand, unseren Platz in der Schlange zu verteidigen. Für das eigentliche Einkaufen kam dann natürlich ein Erwachsener aus der Familie, denn für Kinder war das nichts. Die konnten allzu leicht übers Ohr gehauen werden.

Schreibwaren, die wir als Schulkinder brauchten, gab es in der Veranda des Holzhauses Maximiliankorso 74. Dieser kleine Laden wurde immer dann umlagert, wenn es neue Tintentabletten oder Tuschfarben gab. Auch Schreibfedern und Hefte waren nicht immer zu bekommen. Nun gab es für diese Waren keine Bezugsscheine. Damit möglichst viele Kinder ihren Schulbedarf bekamen, konnte man immer nur eine begrenzte Stückzahl der

Auf dieser Treppe warteten wir stundenlang, um Fleisch einzukaufen

begehrten Ware bekommen, zum Beispiel zwei Tuschfarben. Natürlich versuchten wir, den Eigentümer zu überlisten und stellten uns mehrmals an. Damit er uns nicht wiedererkannte, zogen wir irgend ein anderes Kleidungsstück an. Meistens hatten wir damit Glück, aber Ungeschickte wurden hin und wieder ertappt.

Für die Waren, die es auf Karten gab, brauchte man nicht viel Geld auszugeben, aber die Rationen, die man bekam, waren äußerst knapp bemessen. Für viele waren es Hungerrationen. Kein Wunder, dass man versuchte, noch einiges dazu zu organisieren, zum Beispiel auf dem Schwarzen Markt. Dort zahlte man im Allgemeinen mit Naturalien und nicht mit der wertlosen Reichsmark. Mein Vater hatte zeitweise eine Arbeitsstelle, die unter anderem mit Steingutgeschirr handelte. Merkwürdigerweise ließen sich dafür Kartoffeln, Mehl oder Sirup eintauschen. Außerdem stellte er aus Holz und Lederstücken Sandalen für Frauen her, die er sich mit hundert Reichsmark bezahlen ließ, ungefähr den Gegenwert von einem halben Pfund Butter. Neben der Reichsmark gab es noch andere Währungen: Zigaretten, Feuersteine, Süßstoff und Ähnliches. Glücklich die Nichtraucher, die ihre Zigarettenration in Lebensmittel umtauschen konnten! Und wer dazu in der Lage war, fuhr hamstern. Auch dafür ließ sich das Steingutgeschirr verwenden.

Die meisten Dinge waren sehr schwer zu beschaffen, ob es nun Lebensmittel waren oder andere Waren des täglichen Bedarfs. Nicht einmal Nägel gab es zu kaufen. Die wurden aus alten Balken oder Brettern gezogen und mühsam wieder gerade geklopft. Manches konnte man aber leicht bekommen, beziehungsweise, was mich betrifft, zu leicht. Diese Bemerkung bezieht sich auf die folgende Geschichte: Meine Freunde und ich nahmen jede Gelegenheit wahr, um ein Taschengeld zu verdienen. Fürs Jauchepumpen gab es eine Reichsmark pro Stunde. Eine andere Möglichkeit bestand darin, sich mit einem Leiterwagen an den Bahnhof zu stellen und Reisenden mit schweren Koffern seine Dienste anzubieten. Wir hatten keinen festen Tarif, aber fünfzig Pfennig ließen sich auf diese Art schnell verdienen, manchmal auch eine Mark. Das Geld durften wir für uns behalten. Gespart habe ich es nicht lange, ein Glück. Durch die Währungsreform wäre es sowieso dahin gewesen. Einmal leistete ich mir den Blödsinn, mir eine Tabakspfeife zu kaufen. Im Geschäft in der Welfenallee behaupteten mein Freund und ich, dass sie ein Geschenk für meinen Vater sei. Und schon hatten wir die Pfeife. In Wirklichkeit wollten wir darin allerdings den Tabak rauchen, den mein Freund seinem Vater gestohlen hatte. Die Strafe ließ nicht lange auf sich warten. Mir wurde nach dem Tabakgenuss so schlecht, dass ich die Pfeife nie wieder verwendete. Ich glaube, ich habe sie dann doch verschenkt, aber wahrscheinlich nicht an meinen Vater.

Als dann die Deutsche Mark eingeführt wurde, gab es erst einmal ein großes Durcheinander, denn auch der Osten bekam sein

Hier verkaufte der Kaufmann Krüger früher Gemüse und Fisch

eigenes Geld, wenn auch anfangs nur in Form der alten Reichmarkscheine mit aufgeklebtem Kupon. Einige Zeit galten beide Währungen nebeneinander. Lebensmittel wurden für Ostmark verkauft, aber in den Auslagen des »Lichthauses Gieseke« am Zeltinger Platz Ecke Burgfrauenstraße sah man manche Artikel, die nur für Westgeld zu haben waren, während andere für Ostgeld verkauft wurden. Ausgerechnet die Dinge, die ich haben wollte, Stecker zum Beispiel, waren nur für Westgeld zu haben. Aber das Ostgeld galt im Westsektor nur bis März 1949. Danach war ausschließlich die D-Mark bzw. die B-Mark, also die Westmark mit aufgedrucktem B-Stempel gültig.

Als sich nach der Währungsreform die Dinge langsam normalisierten, wurden mehr und mehr Geschäfte in Frohnau eröffnet. Am Welfenhof in der Welfenallee, in den wieder erbauten Geschäftshäusern auf der Bahnhofsbrücke und an den beiden Plätzen konnte man wieder Lebensmittel, ja sogar Delikatessen, Haushaltsartikel, Brot und Kuchen, Farben und Kosmetika, kurz, die Dinge des täglichen Bedarfs kaufen. Jetzt kamen die Händler sogar durch die Straßen, um ihre Waren anzubieten. Der Kaufmann Blumenthal, der an der Münchener Straße Ecke Laurinsteig einen kleinen Laden eröffnet hatte, kam mit einem Verkaufswagen und bot Milch und Milchprodukte an. Wir nannten ihn »Bolle«, weil vorher diese Firma mit ihren elektrischen Lieferfahrzeugen in unseren Straßen Milch verkauft hatte. Ab und zu kam auch ein Bierhändler und verkaufte Malzbier vom Fass, das wir in Krügen nach Hause trugen und dort in Flaschen mit Patentverschluss füllten. Außerdem machte wöchentlich ein älteres Ehepaar mit einem Pferdewagen seine Runde, und die Frau rief mit rauer Stimme: Einkauf von Lumpen, Alteisen, Kaninchen- und Hasenfelle(n) und Flaschen. Wenn man seine Altmetalle allerdings zu dem Schrottplatz in der Tannenstraße brachte, konnte man hoffen, einen höheren Preis zu erzielen.

Warteschlangen gab es dann immer seltener vor den Geschäften. Eher stellten sich die Menschen vor dem Lichtspielhaus »Capitol« an, dort, wo jetzt der Spar-Laden in einem neuen Gebäude zu finden ist. Um zwei Uhr nachmittags begann der Vorverkauf, und manche Filme waren so beliebt, dass man nur noch wenig attraktive oder gar keine Karten bekam, wenn man sich nicht rechtzeitig anstellte. Die teueren Logenplätze konnten wir uns nicht leisten, und auf den Notsitzen am Gang saß und sah man schlecht. So stellten sich ganz Eifrige schon eine Stunde vor Kasseneröffnung an. Außerdem gab es Warteschlangen vor der Wechselstube in der Welfenallee 12, denn viele Menschen nutzten den für West-Berliner günstigen Umtauschkurs und kauften im Umland oder in Ostberlin ein.

Je weiter die Normalisierung fortschritt, desto feudaler wurden die Läden. Langsam wurde der Kunde König. Wer zum Beispiel bei Feinkost Schmidt am Ludolfingerplatz einkaufte, wurde häufig mit Namen begrüßt und exklusiv bedient. Dazu gehörte auch, dass sich die Verkäufer nach dem persönlichen Wohlbefinden der Käufer und ihrer Familienangehörigen erkundigten. Doch diese Art von individueller Bedienung wurde langsam durch das Aufkommen der Supermärkte und Discounter zurückgedrängt. Der Kunde musste sich jetzt selbst bedienen, und meist tat er das auch gern, konnte er doch auf diese Art Zeit und Geld sparen. Er musste allerdings in Kauf nehmen, dass die Läden wieder weniger Wert auf ein angenehmes Ambiente legten. Nicht nur die Supermärkte verdrängten so manche Einzelhändler, auch eine Bank nach der anderen machte den Kaufleuten in Frohnau den Platz streitig. Immerhin hält sich bis heute noch eine ganze Reihe von Einzelhandelsgeschäften in der Gartenstadt, was die Frohnauer sicher zu schätzen wissen.

# 3 Vergnügungen in der Nachkriegszeit

Man sollte meinen, nach dem schrecklichen Kriege sei den Menschen nicht gerade nach Vergnügungen zumute gewesen. Doch das stimmte höchstens vorübergehend. Gerade in schlechten Zeiten brauchen die Menschen Ablenkung und Zerstreuung, um durchhalten zu können. Das wusste nicht nur Goebbels, das wussten auch die Russen. Natürlich gab es eine ideologische Begründung dafür, dass uns die Russen ihre »Kultura« möglichst schnell nahe bringen wollten, aber sie hatten auch selbst ganz einfach Spaß daran, ihre Lieder zu singen und ihre Tänze vorzuführen. Und so gibt es viele Bilder mit russischen Soldaten, die vor deutschem Publikum auf den Straßen des zerstörten Berlin sangen und tanzten. Und da es Stalins Motto war, dass die Hitler kommen und gehen, das deutsche Volk aber bestehen bleibe, wurde auch die deutsche Kultur und Unterhaltungskunst als Mittel zur Stärkung des Lebensmuts genutzt.

Am 22. April 1945 hatten die Russen Frohnau erobert und schon im Mai sorgten sie dafür, dass die Einwohner der Gartenstadt ihre Sorgen im Nachkriegsalltag für kurze Zeit vergessen konnten. So schreibt Alice Krämer in ihren Erinnerungen »Das Tagebuch vom Zusammenbruch«, dass es im Gemeindesaal der Johanneskirche eine Kabarettvorstellung gegeben habe, auf der ein Zauberer und ein Gedächtniskünstler aufgetreten sowie deutsche Musikstücke und Tänze dargeboten worden seien. Und Ilse Lindemann berichtet in ihrem Tagebuch »Das Ende des

Zweiten Weltkrieges in Frohnau« davon, dass kurz nach Kriegsende im Capitol Frohnau eine junge Geigerin ein Konzert gegeben habe und sogar die berühmte Tatjana Gsovski dort mit ihrer Tanztruppe zu sehen gewesen sei.

Das Capitol Frohnau am Ludolfingerplatz, das sich stolz Erstaufführungstheater nannte, war ja nicht einfach ein Kino. Da es über eine große Bühne verfügte, wurde es auch für politische und kulturelle Veranstaltungen genutzt. Meine Schwester erinnert sich an eine Silvesterveranstaltung Mitte der fünfziger Jahre, auf der Brigitte Mira französische Chansons vortrug und dazu kokette Bewegungen machte. Dem Publikum erklärte sie, dass die dazugehörten: »Das ist das Französische daran.« Zum Abschluss bekam jeder Besucher ein Glas Sekt. Und schließlich ist auch Ivo Veit mit der Rias-Sendung »Mach mit« im Capitol Frohnau aufgetreten.

Meine erstes Nachkriegsvergnügen fand nicht in Frohnau, sondern in dem Dorf Groß Trebbow in der Nähe von Schwerin statt. Dort hatte im Mai 1945 unsere Flucht vor den Russen geendet. Wir waren jetzt bei den Amerikanern. Im Dorf gab es einen Gutshof, und der Besitzer konnte es sich leisten, in dieser Zeit der Wirren eine neue Scheune zu bauen und Ende Juni ein großes Richtfest zu feiern. Die Flüchtlinge, die in Groß Trebbow u. a. in einem ehemaligen Luftwaffenhelferinnenhäuschen untergekommen waren, wurden eingeladen und durften bei Kaffee und Streuselkuchen mitfeiern. Am Abend ging es hoch her, denn auch Schnaps und Likör machten die Runde. Der nächste Morgen brachte ein böses Erwachen: Die Russen waren da.

Im August 1945 waren wir wieder in Frohnau. Die Franzosen hatten gerade die Briten als Besatzungsmacht abgelöst, die ihrerseits nur einen Monat zuvor Frohnau von den Russen übernommen hatten. Die neuen Herren gaben sich streng, aber dem Feiern waren sie nicht abgeneigt. Viele der größeren Häuser wurden beschlagnahmt, und in einer ganzen Reihe von ihnen wurden Offizierskasinos eingerichtet, zum Beispiel in der Ort-

Ortwinstraße 16–18: Französisches Casino in der Nachkriegszeit

winstraße 16–18. Dort arbeitete eine junge Frau, die wie wir in der Nibelungenstraße 20 zur Miete wohnte. Sie kannte den jungen Marcel, und der trat eines Tages mit dem Wunsch an sie heran, ihr das Radio zu borgen, das er bei uns gesehen hatte. In der Ortwinstraße sollte wieder einmal gefeiert werden, und das dortige Rundfunkgerät funktionierte nicht. Gute Beziehungen zu den Besatzern waren wichtig, also gaben wir unseren Apparat heraus, damit Marcel und seine Kameraden sich vergnügen konnten. Leider gefiel ihnen unser Radio so gut, dass sie von einer Rückgabe absahen.

Die Franzosen blieben beim Feiern nicht immer unter sich. Eines Abends erfuhren wir, dass auf dem damals unbebauten Zipfel zwischen Artuswall, Sigismundkorso, Eichenhain und Olwenstraße ein kleiner Festplatz eingerichtet worden war. Die Franzosen feierten, wahrscheinlich ihren Nationalfeiertag, und die Deutschen durften dabei sein. Ich lag schon im Bett, als die Nachricht kam, aber die Gelegenheit, wenigstens Anderen bei ihrem Vergnügen zuzusehen, wollte ich mir nicht entgehen lassen. Also stand ich wieder auf und zog mit der Familie los zum Eichenhain. An einen Stand kann ich mich noch recht gut erinnern. Man hatte allerlei kleine Gegenstände wie Aschbecher, Zigarettenetuis, Vasen, Briefbeschwerer und dergleichen als Gewinne auf einem Tisch verteilt, und die Festplatzbesucher konnten sich Wurfringe kaufen und versuchen, sie über die zu gewinnenden Gegenstände zu werfen. Allerdings standen die Gewinne auf quadratischen Brettchen, und gewonnen hatte man nur, wenn der Ring ganz und gar auf dem Tisch lag. Blieb er an einer Ecke des Brettchens hängen, so hatte man Pech.

In der Mitte des Tisches stand auf einem ganzen Stapel von Brettchen eine Flasche Champagner, und da die Brettchen nicht exakt übereinander lagen, war es so gut wie unmöglich, die Flasche zu gewinnen. Ganz abgesehen davon, erschien es mir geradezu abenteuerlich, dass auf einem Rummel Champagner einfach so als möglicher Gewinn zur Verfügung stand, wo doch dieses Luxusgetränk damals für einfache Deutsche fast unerreichbar war. Die Erwachsenen schwärmten von ihm, da es sie an alte Filme und überhaupt an die guten alten Zeiten erinnerte, auch wenn wahrscheinlich nur wenige von ihnen sich in den vergangenen Friedenszeiten hatten Champagner leisten können. Solange ich den Stand beobachtete, hat niemand die Flasche gewonnen. Das tat meinem Vergnügen auf dem Festplatz aber keinen Abbruch.

Noch vergnüglicher wurde es für mich, als auf dem (namenlosen) Platz an der Kreuzung Maximiliankorso / Alemannenstraße eines Tages ein Karussell aufgebaut wurde, ein regelrechtes großes Kettenkarussell. Eine Fahrt kostete nur zwanzig Pfennig, und da ich mir damals durch kleinere Arbeiten immer etwas Geld verdiente, konnte ich mir eine ganze Reihe von Fahrten leisten. Wenn wir durch die Luft flogen, suchten wir das angenehme Kribbeln noch dadurch zu verstärken, dass wir nach dem Sitz rechts neben uns griffen und ihn abwechselnd nach unten drückten und wieder losließen, so dass wir uns nicht mehr einfach im Kreise drehten, sondern wahre Schlangenbewegungen vollführten. Dem Karussellbetreiber war das nicht recht, aber trotz seiner Ermahnungen blieben wir selten brav und still sitzen.

Jedoch auch, wenn man nicht mitfuhr, war das Karussell attraktiv. So blieb ich oft stundenlang in seiner Nähe. Aus einem Lautsprecher erklang schmissige Schlagermusik mit Titeln wie »Und im Wald da sind die Räuber, hali, halo, die Räuber« oder »*I want to be happy, but I am not happy, till I make you happy, too*«. Am interessantesten war für mich, wie die Vergnügungsmaschine ein- und ausgeschaltet wurde. Man drehte nicht einfach einen Schalter, sondern senkte eine Art großer Gabel langsam in ein Säurebad, wodurch ein immer stärkerer Stromfluss entstand, der das Karussell erst langsam und dann schneller und schneller laufen ließ. Nach ein paar Minuten zog man die Gabel wieder heraus, um das Vergnügen zu beenden. Abends, so erzählte man, wenn die reifere Jugend sich im Kreise drehen ließ, senkte man die Gabel ganz und gar ins Säurebad, wodurch das Karussell seine Höchstgeschwindigkeit erreichte. Den Strom bezog der Karussellbetreiber aus einem Haus in der Alemannenstraße. Die Kinder, die dort wohnten, bekamen eine Dauerkarte und konnten sich solange durch die Luft wirbeln lassen, bis ihnen schlecht wurde.

Auch im privaten Bereich suchte und fand man Gelegenheiten zum Feiern und Fröhlichsein. Am Silvesterabend war bei uns immer etwas los. Die Nachbarn und Verwandten kamen nicht nur, um mit uns das neue Jahr zu begrüßen, sondern auch, um den Geburtstag meines Großvaters zu feiern. In den ersten Nachkriegsjahren wohnten wir noch in der Nibelungenstraße 20, weil unser Haus in der Nibelungenstraße 52 im November 1943 bei einem Bombenangriff zerstört worden war. Die Großel-

Maximiliankorso Ecke Alemannenstraße: Hier stand das Karussell

tern aber hatten sich inzwischen die Ruine einigermaßen wohnlich eingerichtet. Zum Feiern kamen sie zu uns, denn in das zerstörte Haus konnte man natürlich niemanden einladen. Und so amüsierte man sich bei Kaninchenbraten und Punsch aus selbstgemachtem Obstwein so lange, bis man »Prosit Neujahr!« rufen konnte. Danach gingen die Gäste nach Hause, und wir legten uns schlafen.

Einmal allerdings wurden wir bald wieder aus dem Schlaf gerissen, denn meine Großmutter war weinend zurückgekommen. In die ziemlich leicht zugängliche Ruine war eingebrochen worden! Was hatten die Einbrecher nur dort zu finden gehofft? Man vermutete, dass ein junger Mann aus der Nachbarschaft wusste, dass es bei den Großeltern etwas zu holen gab, und zwar nach dem Bombenangriff gerettete und sorgfältig aufbewahrte Vorkriegsbettwäsche. Dafür lohnte sich damals ein Einbruch. Diese Silvesterfeier konnte meine Großmutter niemals vergessen.

Anfangs gab es zu Silvester kein Feuerwerk. Wahrscheinlich durfte es als Sprengstoff auch gar nicht verkauft werden. Aber sobald man in der Drogerie Bluhme Unkraut-Ex bekommen konnte, sprach es sich in Freundeskreisen herum, dass man mit diesem Zeug nicht nur Unkraut vernichten, sondern auch Knallfrösche basteln konnte. Man brauchte dazu nur Löschpapier, etwas dünne Pappe und Bindfaden. Eigentlich waren diese Zutaten wertvoll, für etwas Silvestervergnügen opferte man sie allerdings doch. Unsere Knallfrösche waren noch reichlich primitiv, aber wenn man Glück hatte, knallten sie wirklich ein paar Mal. Und das war mehr, als wir mit einem hohlen Schlüssel, einem Nagel, der in den hohlen Schaft des Schlüssels passte, einer Schnur, die Nagel und Schlüssel verband, und abgeschabten Streichholzköpfen erreichten.

Ebenso wenig waren die Kerzen perfekt, die wir für den Weihnachtsbaum herstellten. Man brauchte dazu einen Baumwollfaden, ein abgebranntes Streichholz, das Stearin von Kerzenstummeln, Aromaröhrchen und viel Glück. Für die Herstellung musste der Boden der Aromaröhrchens entfernt werden, was leider oft dazu führte, dass das ganze Röhrchen zerbrach. Aber da man damals – besonders für die Weihnachtsbäckerei – häufig Aroma verwandte, gab es genug leere Röhrchen. Gelang die Herstellung einer durchgehenden Glasröhre dann schließlich, so musste der Baumwollfaden durch sie hindurchgezogen und in seiner Mitte straff gehalten werden, wobei ihn das Streichholz unten festhielt. Dann wurde das flüssige Stearin in das Röhrchen gegossen, das in einem warmen Wasserbad stand, damit die Hitze es nicht gleich platzen ließ. Trotz einiger Misserfolge beim Gießen gelang uns immer wieder die Herstellung von Weihnachtsbaumkerzen. Wenn sie am Heiligen Abend entzündet wurden, brannten sie schnell herunter, wobei sie schrecklich tropften und zischten, denn wir konnten nicht verhindern, dass das Wasserbad in der Kerze seine Spuren hinterließ. Aber wir hatten – wenigstens für kurze Zeit – die ersehnte festliche Atmosphäre.

Die Feiern und Vergnügungen im Frohnau der Nachkriegszeit hielten sich in einem bescheidenen Rahmen; die großen Festivitäten auf den zentralen Plätzen und vor der evangelischen Kirche kamen erst, als sich die Zeiten normalisiert hatten und die Ansprüche gestiegen waren. Heute feiert man in so großem Maßstab, dass bisweilen sogar der Verkehr im Zentrum Frohnaus umgeleitet werden muss. Das hindert ältere Bürger aber nicht daran, an die eher unspektakulären Veranstaltungen und Vergnügungen der Nachkriegszeit, die ihnen den oft trüben Alltag etwas aufhellten, mit einiger Wehmut zurückzudenken.

# 4 Die »Franzosenzeit«

Ältere Frohnauer kennen noch die Bezeichnung »Franzosenchaussee« für die Straße zwischen Frohnau und Schulzendorf. Heute heißt dieser nicht allzu breite Weg Rote Chaussee, wohl deswegen, weil der Straßenbelag früher roter Ziegelsplit war. Die »Franzosenchaussee« wurde von der französischen Besatzungsmacht angelegt, um ihre zahlreichen Wohnquartiere und Dienststellen in Frohnau mit ihrer Garnison in der Schulzendorfer Kaserne zu verbinden. Offiziell erhielt sie den stolzen Namen *Avenue Général Leclerc.* Ebenfalls auf die Franzosenzeit geht die Bezeichnung »*Centre Bagatelle*« für die »Worchsche Villa« in der Zeltinger Straße 6 zurück. Diese Villa mit ihrer wechselvollen Geschichte (Sitz der Ortsgruppe Frohnau der NSDAP, Sitz des sowjetischen Ortskommandanten, französisches Offizierskasino) wurde von den Franzosen für kulturelle Veranstaltungen genutzt und damit für die Frohnauer Kulturszene zu einem wichtigen Treffpunkt, der er auch nach dem Abzug der Alliierten bis heute geblieben ist.

Nicht ganz so deutlich verweisen die Reste einer Betonpiste, die von der heutigen Neubrücker Straße nach Norden verläuft, auf die Anwesenheit der Franzosen in Frohnau bzw. der angrenzenden Gemarkung Stolpe. Hier befand sich ein Lager mit zweigeschossigen Steinhäusern, das in den dreißiger Jahren für Arbeitskräfte zum Bau des nördlichen Teilstückes des Berliner Autobahnaußenringes errichtet worden war. Die Trasse hätte nach

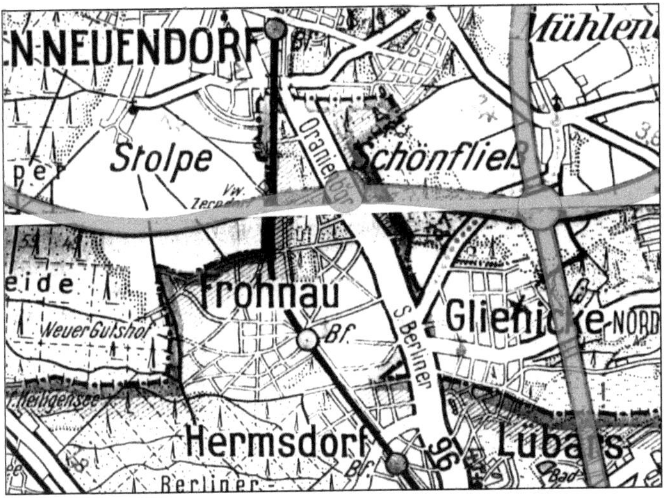


Die Autobahnplanungen im Berliner Norden 1936

den ursprünglichen Planungen Nordfrohnau und Stolper Feld durchschneiden sollen, eine Schneise durch den Wald war bereits gerodet. Nach Kriegsbeginn wurden die Baumaßnahmen eingestellt und das Lager zur Unterbringung von »Fremdarbeitern«, also Zwangsarbeitern aus Frankreich, Belgien und Polen genutzt. Die Verschleppten mussten in Rüstungsbetrieben die eingezogenen deutschen Arbeitskräfte ersetzen.

Als die französische Besatzungsmacht am 12. August 1945 die Bezirke Reinickendorf und Wedding von den Briten übernahm, hatte sie im Gegensatz zu den anderen westlichen Besatzungsmächten in Berlin keinen eigenen Flugplatz. Die Amerikaner hatten Tempelhof, die Briten bauten ein eingemeindetes Gebiet bei Gatow zum Flughafen aus; nur die Franzosen wussten zunächst nicht, wo sie ihre Flugzeuge landen lassen sollten. So überließen die Sowjets den Franzosen das Stolper Feld einschließlich des Dorfes Stolpe nördlich von Frohnau. Als Stadtgut war es bereits vor dem Krieg von Berlin verwaltet worden. Die Bauten des NS-Arbeitslagers dienten jetzt der Unterbringung französischer Soldaten, und vor dem Zubringer wurde ein Torbogen mit der Aufschrift »*Camp Kléber*« errichtet. Als Stolpe im Dezember 1948 wieder der sowjetischen Besatzungszone zugeschlagen wurde, standen die Bauten längere Zeit leer, bis sie nach und nach gesprengt und abgerissen wurden. Die Betonpiste ist trotz Mauerbaus und Todesstreifens noch heute gut zu erkennen.

Wir Kinder erlebten die französischen Besatzungssoldaten zunächst als absolute Herrscher, denen alles erlaubt war. Mit ihren Kindern spielten wir zwar und lernten Ausdrücke wie »komplett mefu« (*complètement fou* – also: total verrückt) und »*comme ci comme ça*« (mit einer entsprechenden Handbewegung, wenn etwas »organisiert« werden sollte), aber sie waren natürlich etwas Besseres und konnten sich mehr erlauben als wir. So konn-

Ausschnitt aus einer Karte des Französischen Sektors von 1948. Eingezeichnet sind u.a. die französische Buslinie (gepunktete Linie), der *Économat* am Ludolfingerplatz (1), das *Camp Kléber* (6 – siehe auch die Karte auf S. 70) und links oben das eingemeindete Stolper Feld.

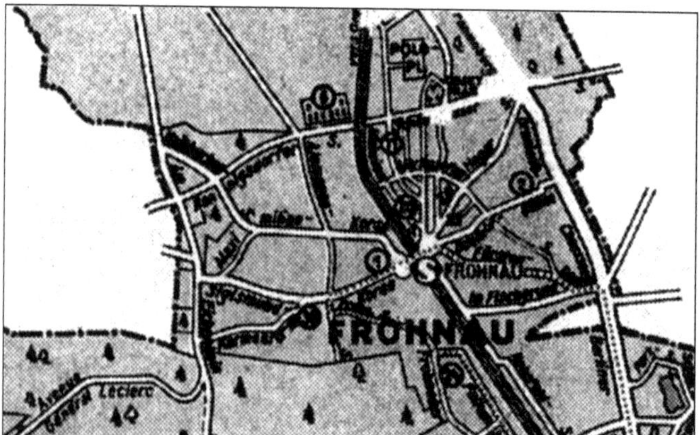

Die Reste der Betonpiste an der Neubrücker Straße

ten wir es sogar wagen, mit einem französischen Jungen auf das Stolper Feld in die Nähe des *Camp Kléber* zu gehen und dort zu spielen. Nicht ganz unerwartet tauchte bald ein Wachmann auf und forderte uns zum Mitkommen auf. Aber wir kannten die Zauberformel, die uns in dieser Lage helfen konnte. »Sein Vater ist Franzose!« riefen wir, und unser Spielkamerad bestätigte das in seiner Muttersprache. So ließ man uns laufen, allerdings nicht ohne Warnung vor einer Wiederholung unserer Dreistigkeit.

Uns interessierten besonders die schicken französischen Citroëns mit der schwarzen GMB-Nummer (*Gouvernement Militaire de Berlin*) oder die Militärfahrzeuge mit der roten Armeenummer, in denen die Besatzungsmacht unterwegs war. Die hatte natürlich das Recht, auch links um die Frohnauer Plätze zu fahren. Weniger Achtung brachten wir den Franzosen entgegen, als sie einmal unseren Koks beschlagnahmten und beim Abtransport mit ihrem LKW unseren Torpfeiler ramponierten oder ein

### Die Flughafenplanungen für das Stolper Feld

Der zweite Weltkrieg ging für Frohnau am 22. April 1945 zu Ende, als die Sowjetarmee den Ort eroberte und besetzte. Die Sowjets blieben bis zum 12. Juli in Frohnau, dann kamen die Briten, deren Besatzungsgebiet ursprünglich auch Wedding und Reinickendorf umfassen sollte. Auf Drängen Churchills erhielten die Franzosen auf der Konferenz von Jalta im Februar 1945 aber ein eigenes Besatzungsgebiet zugesprochen. Er erhoffte sich davon ein langsameres Wiedererstarken der deutschen Wirtschaft. Die Franzosen übernahmen ihre Sektoren am 12. August 1945. Sie waren angesichts zahlreicher Requirierungen zunächst bei den Deutschen unbeliebt. Außerdem wurden ihre Bezirke anfangs schlechter als die übrigen mit Lebensmitteln versorgt. Am 11. Oktober 1945 billigte die Alliierte Kommandantur die Eingliederung von Stolpe und des Stolper Feldes, wo ein französischer Militärflugplatz gebaut werden sollte. Bereits 1946 verloren die Franzosen das Interesse an dem Gebiet und bauten schließlich ihren Flugplatz in Tegel. So blieb den Frohnauern ein Flugplatz in ihrer unmittelbaren Nähe erspart. Als der damalige französische Stadtkommandant Ganeval die Sendetürme des (östlichen) Berliner Rundfunks in der Nähe des neuen Flughafengeländes am 27. November 1948 sprengen ließ, besetzten die Sowjets am 20. Dezember 1948 Stolpe und Stolper Feld und kamen so der von den Franzosen für Anfang Januar 1949 beschlossenen Rückgabe des für sie nun wertlosen Gebietes zuvor.

andermal unseren schönen Radioapparat mitgehen ließen. Bevor übrigens der Koks abgeholt wurde, kam ein französischer Offizier ins Haus und bedrohte meine Eltern mit der Todesstrafe, falls sie es sich einfallen lassen sollten, von dem Koks etwas wegzunehmen.

In Frohnau wohnten damals zahlreiche Offiziere der Besatzungsmacht, anfangs sogar der Stadtkommandant. Außerdem gab es eine ganze Reihe von Dienststellen, auf die an vielen Stellen Wegweiser verwiesen. An den Straßenbäumen nahm die Zahl der Telefonleitungen zu, denn man baute ein eigenes französisches Telefonnetz auf. Sogar eigene Buslinien richtete man ein, deren Haltestellen durch Holzschilder an den Straßenbäumen gekennzeichnet waren. In den Gebäuden der Hannemann-KG auf dem Gelände zwischen Edith-Cavell-Straße (später Gollanczstraße), Kniggeweg und Minheimer Straße wurde eine französische Schule eingerichtet, deren Schüler in ihren Schulkitteln auf uns etwas komisch wirkten. Eines Tages kam eine Gruppe französischer Jungen auf uns zu und forderte uns zum Fechten auf. Für sich hatten sie lange Stöcke, aber uns hielten sie kürzere hin. Manche von uns nahmen trotzdem den Kampf auf.

An die Rückkehr der Sowjets nach Stolpe kann ich mich noch gut erinnern. Unser Schulweg ging die Kastanienallee (Stolzingstraße) entlang bis zur Hennigsdorfer (Neubrücker) Straße, dann nach rechts durch die Bahnunterführung und den Kniggeweg entlang bis zur Edith-Cavell-Straße (Gollanczstraße), wo unsere Schule stand. Eines Morgens bogen wir um die Ecke in die Hennigsdorfer Straße und – standen vor einem Schlagbaum. Eine Gruppe von Sowjetsoldaten hatte ihn errichtet und stoppte den Verkehr. Uns Schulkinder ließ man durch – leider, denn wir wären nicht böse gewesen, hätte man uns nicht zur Schule gelassen. Als der Unterricht vorbei war und wir zurück durch die Bahnunterführung kamen, war der Spuk verschwunden. Wahrscheinlich hatte der örtliche sowjetische Befehlshaber nur ungenaue Vorstellungen vom Grenzverlauf.

Es war in jenen Zeiten günstig, wenn man jemand kannte, der bei den Franzosen arbeitete. Die Erwachsenen bekamen auf diese Weise Dinge oder Lebensmittel, die für Deutsche Mangelware waren. Wir Kinder erhielten durch entsprechende Kontakte bisweilen die Möglichkeit, in einem Franzosenauto mitzufahren, wenn gerade einmal ein Leerfahrt anstand. Außerdem schauten wir neugierig zu, wie in den Verteilungsstellen für Lebensmittel die deutschen Angestellten für ihre französischen Kunden aus Holzfässern Rotwein in mitgebrachte Weinflaschen abfüllten. Damals kannte ich noch nicht das physikalische Prinzip des

Saughebers, das es erlaubt, eine Flüssigkeit nach oben zu holen und dann nach unten abfließen zu lassen. Und so staunte ich nicht schlecht, dass man mit einem einfachen Gummischlauch ohne jede Pumpe Wein in Flaschen füllen konnte. Schade nur, dass ich damals noch nichts für Wein übrig hatte.

Die Anwesenheit der vielen Franzosen in Frohnau hatte auch Vorteile. In der Zeit der Stromsperren während der Blockade wurde Frohnau bevorzugt behandelt. Einmal hatte man eine Stromsperre für 20 Uhr angekündigt, was eher ungewöhnlich war. Wir Kinder hatten aus den Deckeln der Schuhputzdosen, Filzstückchen und Wachsresten so genannte Hindenburglichter gebastelt und wollten sie an jenem Abend zum Einsatz bringen. Wie angekündigt, erloschen die Lampen um 20 Uhr, und unsere selbstgebastelten Leuchten waren die einzigen Lichtquellen. Doch es dauerte nur einige Minuten, bis der elektrische Strom wieder da war – zu unserer Enttäuschung. Wahrscheinlich hatte eine französische Dienststelle dafür gesorgt, dass unsere Besatzungsmacht nicht im Dunkeln saß.

Bevor die Franzosen ihre verschiedenen *Cités* in Waidmannslust, am *Quartier Napoléon* und um ihren Flughafen Tegel bauten, gab es in Frohnau für sie die Möglichkeit, französische Filme zu sehen oder in die Kirche zu gehen. Das Capitol Frohnau zeigte einmal in der Woche Filme in französischer Sprache, und in der Johanneskirche war ein Raum im Kirchturm für die Gottesdienste der französischen reformierten Gemeinde reserviert. Ich kann mich noch gut an das Hinweisschild im Vorraum der Kirche erinnern, das nichts weiter als die Trikolore zeigte, die rechts zugespitzt war und so auf die Turmtreppe verwies. Was das Capitol anlangte, so hatte unser Französischlehrer uns empfohlen, den Vorteil, den das Kino für unseren Sprachunterricht bot, auch zu nutzen. Und da es günstiger war, mit Francs zu bezahlen, scheuten wir uns nicht, die französischen Kinobesucher anzusprechen: »*Pouvez-vous me changer un mark?*« (Können Sie mir eine Mark umtauschen?) Meistens hatten wir Glück und kamen etwas billiger in die Vorstellungen.

Natürlich besuchten wir auch die Sprachkurse von Monsieur Charles Corcelle, dem in Frohnau gut bekannten Leiter des französischen Verbindungsbüros und Kulturbeauftragten. Zu den Kursen mussten wir allerdings in den fünfziger Jahren in die Reinickendorfer Hauptstraße fahren (heute Alt-Reinickendorf), denn nach und nach wurden Aktivitäten der Franzosen aus Frohnau abgezogen und in zentralere Gegenden verlegt. Die meisten französischen Offiziere verließen Frohnau und zogen in die Neubauten der *Cités*, wo dann auch das französische Kino *L'Aiglon* und die St. Louis-Kirche entstanden. Aus den strengen Besatzern waren längst gute Bekannte und Freunde geworden, mit denen man zusammen feierte, Sport trieb oder sang. Als die Frohnauer Franzosenzeit 1994 zu Ende ging, erfasste so manchen hier sogar etwas Wehmut. Aber zumindest das *Centre Bagatelle* ist uns ja geblieben.

# 5 Frohnau und seine S-Bahn

Als die Gartenstadt Frohnau gegründet wurde, legte man sie so an, dass in ihrem Zentrum ein Bahnhof entstehen sollte. Dieser Bahnhof wurde am 1. Mai 1910 in Betrieb genommen. Um eine dichtere Zugfolge zu ermöglichen, baute man zwei Jahre später neben dem Schienenstrang der schon seit 1877 existierenden Nordbahn zwei weitere Gleise für den Vorortverkehr. Diese endeten zunächst in Frohnau und wurden erst 1925 nach Norden hin verlängert. Ab Juni 1925 fuhren auf den Vorortgleisen elektrische Züge.

Meine erste S-Bahn-Fahrt nach Frohnau unternahm ich im Mai 1938 im zarten Alter von acht Tagen. Die ersten sieben Tage meines Lebens hatte ich im St. Hedwigs-Krankenhaus zugebracht, in dessen Nähe meine Eltern bis 1935 wohnten. Aus alter Gewohnheit war meine Mutter für die Geburt ihres dritten Kindes wieder in das St. Hedwigs-Krankenhaus gegangen, und so kam ich zu dem genannten frühen Kindheitserlebnis. Der einzige Wagen, den meine Eltern damals hatten, war ein Kinderwagen, und mit dem wurde ich vom Krankenhaus zur S-Bahn-Station Oranienburger Straße gebracht. Von dort ging's weiter im Abteil für Mutter und Kind zum S-Bahnhof Frohnau und dann zu unserem Haus in der Nibelungenstraße.

Damals gab es noch nicht sehr viele Autobesitzer in Frohnau. Die meisten Einwohner der Gartenstadt waren auf die S-Bahn angewiesen, wenn sie in die Stadt oder ins Umland wollten.

Der Bahnhof Frohnau: Bahnsteig …

Zwar gab es auch eine Buslinie nach Frohnau, aber die endete am Pilz, kam also nicht ins Zentrum. Die Buslinien A12 und A15 sind erst nach dem Zweiten Weltkrieg eingerichtet worden. Als 1949 die Eisenbahner streikten, brauchte man eine neue Fahrverbindung in die Stadt. Anfangs wurden die Frohnauer auf Lastwagen vom Zeltinger Platz zur See Ecke Müllerstraße gefahren, danach übernahm die BVG-Linie A12 diesen Dienst. Nach Tegel gab es in den fünfziger Jahren eine private Buslinie der Firma Schneider, aber die wurde später vom Bus A15 verdrängt. Das Hauptverkehrsmittel der Frohnauer blieb zunächst die S-Bahn.

So richtig lernte ich die S-Bahn erst 1945 kennen. Das zweite Gleis war bereits abmontiert worden, aber der Schotter des Gleisbetts war noch vorhanden. Der wurde erst 1948 auf Loren abtransportiert und für den Bau des Flughafens Tegel verwendet. Die Züge waren arg lädiert; innen waren sie meist schum-

… und Empfangsgebäude

merig, denn so manches Fenster war wegen Glasmangels mit Pappe vernagelt worden. Die Züge fuhren höchstens jede halbe Stunde, wenn sie denn fuhren. Und sie waren knüppeldickevoll. So war jede Fahrt ein kleines Abenteuer. In Hermsdorf konnten sich zwei S-Bahn-Züge begegnen, allerdings nicht am Bahnsteig, denn der hatte auch nur ein Gleis. Es gab aber Abstellgleise, und einer der Züge musste dort warten, bis der Gegenzug vorüber war. Endstation war der Stettiner Bahnhof, allerdings nicht der Tunnelbahnhof, weil der noch überflutet war. Vielmehr hatte man eine Gleisverbindung zum oberirdischen Fernbahnhof geschaffen, und dort hielt die S-Bahn neben den Fernzügen.

Zum Stettiner Bahnhof fuhren wir kaum jemals. Wir stiegen in Gesundbrunnen in die Ringbahn, um zu unseren Zielen zu gelangen. Und so machten es die meisten Fahrgäste. Das führte dazu, dass auf den Bahnsteigen und den langen Verbindungswegen zwischen ihnen drangvolle Enge herrschte. Ich kann mich noch erinnern, dass das Gedränge einmal so stark war, dass es meine Großmutter mit der Angst zu tun bekam. »Ich habe ein kleines Kind bei mir!« rief sie mehrmals laut. Aber das nützte natürlich nichts und beleidigte mich außerdem. So klein war ich nun auch wieder nicht – immerhin schon neun Jahre alt!

Fuhr man damals von Süden her nach Frohnau, musste man in Wilhelmsruh manchmal lange warten. Hier endete die zweigleisige Strecke, und der Zug durfte seine Fahrt erst fortsetzen, wenn der Zug aus Oranienburg in Wilhelmsruh eingetroffen war. Wer keinen Sitzplatz zu verteidigen hatte, ging auf den Bahnsteig, um dem Gedränge im Zug zu entkommen. Tauchte der Gegenzug endlich auf, strömten die Stehplatzinhaber in den Zug zurück und setzten ihre Fahrt in gewohnter Enge fort.

Nach einiger Zeit bekam der Frohnauer Bahnhof sein zweites Gleis zurück. Die Strecke selbst blieb allerdings eingleisig. Jetzt trafen sich die Züge aus Norden und Süden in Waidmannslust und in Frohnau. Auch das dauerte manchmal ziemlich lange. Aber der Fahrplan hatte genügend Luft, so dass das Warten selten zu Verspätungen führte.

Im Sommer nutzten wir die S-Bahn für unsere Badefahrten. In Birkenwerder gab es zwei Badeanstalten, von denen eine heute nicht mehr existiert. Die war am Boddensee, der immer etwas wärmer war als das Briesebad. Außerdem lag der Boddensee näher am Bahnhof. Es war damals durchaus üblich, bei warmer Witterung die Türen der S-Bahn während der Fahrt zu öffnen. Selbst wenn wir Kinder das machten, kam selten Protest von den Erwachsenen. Auf dem Rückweg von Birkenwerder musste die S-Bahn vor der Einfahrt in den Bahnhof Frohnau häufig warten. Sie stand vor dem geschlossenen Signal ungefähr dort, wo die Ortwinstraße auf dem Bahndamm trifft. Meine Freunde sprangen dann aus dem Zug, um sich den Heimweg etwas zu verkürzen. Ich war da eher zurückhaltend. Doch einmal wagte ich es doch, zumal einige Erwachsene mich dazu anfeuerten.

Der Sprung aus dem Zug auf die Schottersteine war natürlich etwas hart, und zwar nicht nur wegen der Höhe. Im Sommer gingen die meisten Kinder barfuß. Aber Verletzungen gab es keine, denn unsere Füße waren mit der Zeit ziemlich unempfindlich geworden.

Ab 1952 war für uns Frohnauer die Strecke nach Oranienburg tabu. Westberliner durften nicht mehr ohne spezielle Erlaubnis in die »Zone« fahren. Nur Ostberlin war weiterhin zugänglich. Anders als bei der U-Bahn wurde bei der von der DDR verwalteten Reichsbahn nicht angesagt, dass der nächste Bahnhof schon außerhalb West-Berlins lag. Aber nur wer einen DDR-Ausweis hatte, durfte nach Norden weiterfahren. Wer eingeschlafen war und zum Westen gehörte, wurde in Hohen Neuendorf von der Grenzpolizei aus dem Zug geholt und erst nach längeren Verhören in den Zug nach Frohnau gesetzt. Und so waren die Schläfer froh, wenn sie eine mitfühlende Seele rechtzeitig aufweckte, zumindest dann, wenn sie den »falschen« Ausweis hatten.

Dieses Problem löste sich 1961 sozusagen von selbst, als am 13. August der Startschuss für den Mauerbau fiel. Mein Freund und ich standen an diesem sonnigen Sonntag auf der Frohnauer Bahnhofsbrücke und blickten nach Norden auf die blanken Gleise. Ob die Grenze wohl so lange geschlossen bleiben würde, bis die Gleise verrostet waren? Ich hielt es nicht für möglich. Doch die Gleise verrosteten nicht nur, sie wurden sogar abgebaut, und der Bahndamm wurde an der Grenze zwischen Frohnau und Hohen Neuendorf durchbrochen. Ein RIAS-Reporter schimpfte ins Mikrophon: »Was Arbeiterhände aufgebaut haben, müssen heute Arbeiterhände wieder einreißen!« Das Fernbahngleis blieb liegen; die Reichsbahn brauchte es für den Abtransport der S-Bahn-Schienen. Nachdem die DDR 1952 den Nordbahnhof, also den früheren Stettiner Bahnhof, geschlossen hatte, war der Verkehr auf diesem Gleis langsam eingeschlafen. Dass zwischen den Schwellen inzwischen schon so manches Bäumchen wuchs, störte die Reichsbahn nicht bei ihren Abrissarbeiten.

Vor dem Neubau: Links ist noch das Fernbahngleis zu erkennen

Frohnau wurde also zur Endstation. Und für die Weststrecken der S-Bahn begann jetzt eine Talfahrt. Die S-Bahn wurde von vielen West-Berlinern boykottiert. In Frohnau und in anderen Orten standen Aktivisten mit Plakaten an den Bahnhöfen, die uns dazu aufriefen, nicht durch unsere Fahrgelder Ulbrichts Stacheldraht zu finanzieren. Ich ließ mich davon nicht allzu stark beeindrucken, schon gar nicht in den ersten zehn Tagen nach dem berüchtigten 13. August. In dieser Zeit durften West-Berliner noch nach Ost-Berlin, allerdings wurde ihnen Möglichkeit danach genommen, als die DDR plötzlich Visa verlangte und der Westen um den Status West-Berlins bangte. Die S-Bahnen wurden leerer und kürzer. Vollzüge lohnten sich nicht mehr. Häufig war ich der einzige Fahrgast, der in Frohnau ein- oder ausstieg. Die Leere hatte den Vorteil, das ich auf dem Weg zur Freien Universität meine Bücher und Papiere um mich herum ausbreiten und Hausaufgaben nachholen konnte. Allerdings waren die leeren Züge und Bahnhöfe auch etwas unheimlich.

Mit der Zeit wurde der von der Bahn nicht mehr genutzte Damm zur Promenade. An der Brücke über die Neubrücker Straße und kurz vor der Grenze zu Hohen Neuendorf ließ das Bezirksamt sogar Treppen bauen, so dass auch Menschen hinaufklettern konnten, die weniger gut zu Fuß waren. Besonders an schönen Sonntagen war der Bahndamm häufig so voll, dass sich Spaziergänger und Radfahrer ins Gehege kamen. Zu Silvester gingen meine Frau und ich manchmal mit einer Flasche Sekt und einem Kofferradio auf den Bahndamm. So hatten wir einen guten Blick auf die Raketen, die besonders nach Mitternacht über Frohnau leuchteten. Auch die Stolper und Hohen Neuendorfer schossen ihr Feuerwerk ab. Die Auswahl war anfangs nicht sehr groß; meist sahen wir rote und grüne Raketen. Wenn das Radio das neue Jahr verkündete, prosteten wir übermütig den Grenzern im Wachtturm zu.

Im Januar 1984 übernahm die BVG zwei West-Berliner S-Bahn-Strecken. Die übrigen wurden stillgelegt. Es hatte ohnehin seit 1980 nur noch drei Strecken gegeben. Von Frohnau war die Bahn nicht mehr nach Wannsee, sondern nach Lichtenrade gefahren. Die BVG nannte die Strecke S2 und ließ die Züge schon am Anhalter Bahnhof enden. Nach Frohnau fuhr keine S-Bahn mehr. Doch stückweise wurde die Strecke nach Norden wieder freigegeben, zunächst bis Gesundbrunnen und dann, im Oktober 1984, wieder bis Frohnau. Doch 1986 wurde der S-Bahn-Verkehr nach Frohnau erneut eingestellt. Der Berliner Schienenverkehrsverband und die »S-Initiative Nordbahn« protestierten am 4. Mai mit einer Kundgebung vor dem Bahnhof Frohnau doch der Grund der Sperrung war eher positiv. Die Strecke von Wilhelmsruh nach Frohnau wurde wieder zweigleisig ausgebaut. Und als ab 22. Dezember 1986 die Züge wieder nach Frohnau fuhren, konnten sie das erstmalig seit Kriegsende im 10-Minuten-Takt tun.

Aber noch fuhr die S-Bahn von Frohnau nach Lichtenrade. Wer nach Wannsee wollte, musste am Anhalter Bahnhof um-

Der erste Zug am Tag der Neueröffnung (22.12.1986)

steigen. Erst als nach der Wiedervereinigung die S-Bahn wieder nach Hohen Neuendorf fahren konnte, bekam sie unter der Bezeichnung S1 ihre alte Streckenführung zurück und verbindet seit dem 31. Mai 1992 wie früher Oranienburg und Wannsee. Unterdessen hat sie so viele Fahrgäste dazugewonnen, dass man manchmal nur schwer einen Sitzplatz bekommt. Kommt im Berufsverkehr ein Zug in Frohnau an, so strömen fünfzig und mehr Menschen dem Ausgang zu. So hat die S-Bahn in Frohnau ihre zentrale Stellung zurück gewonnen.

# 6 Frohnau und die BVG

Nachdem sie in Frohnau Straßen angelegt und das Gelände parzelliert hatte, startete die Berliner Terrain-Centrale (B.T.C.) eine groß angelegte Werbekampagne, um Interessenten anzulocken. Was hat man damals nicht alles versprochen: neben der Bahn, die bis Frohnau viergleisig ausgebaut werden sollte, auch eine Schnellbahn zur Seestraße und für den Ort selbst sogar eine Straßenbahn. Einiges wurde verwirklicht, so zum Beispiel die Vermehrung der Bahngleise auf vier, so dass ab 1912 ein echter Vorortverkehr eingerichtet werden konnte. Schnell- und Straßenbahn aber blieben bloße Pläne. Ebenso blieb übrigens der geplante Stichkanal von der Havel nach Frohnau ein Produkt der Fantasie.

So war die Bahn für lange Zeit die einzige Möglichkeit, in die Gartenstadt zu gelangen, sieht man einmal von den wenigen Autobesitzern ab. Erst in den dreißiger Jahren richtete die BVG die Vorortbuslinie B ein, die von der See- Ecke Müllerstraße nach Frohnau verkehrte. Ihre Endstation hatte sie allerdings nicht am Bahnhof, sondern ziemlich abgelegen am Pilz an der Oranienburger Chaussee. Dass diese Linie überhaupt existierte, habe ich viel später aus Büchern erfahren, für uns spielte sie keine Rolle. »In die Stadt« fuhren wir nur mit der S-Bahn.

Das änderte sich Ende Mai 1949, als die Eisenbahner streikten und die Frohnauer ohne die S-Bahn auskommen mussten. Flugs wurde vom Zeltinger Platz aus – mehr oder weniger auf der Route des ehemaligen Vorortbusses – eine neue Verkehrsverbindung in die Stadt geschaffen. Anfangs wurden die Fahrgäste auf Lastwagen transportiert, wobei immer starke Männer bereitstehen mussten, um die Menschen über ein Treppchen auf die Ladefläche zu hieven. Glücklicherweise war schon Frühling, sodass die Beförderung erträglich war, auch wenn die Lastwagen mit offener Pritsche fuhren. Der reguläre S-Bahnverkehr wurde am 1. Juli 1949 wieder aufgenommen, nachdem die im Westen wohnenden Eisenbahner sich damit einverstanden erklärt hatten, ihr Gehalt nicht, wie wochenlang gefordert, zu 100, sondern nur zu 60 Prozent in DM West zu erhalten. Ab März 1949 galt ja in West-Berlin ausschließlich die Westmark. Nach der Währungsreform hatte man bei BVG und S-Bahn zunächst mit Ostgeld bezahlt.

Obwohl die S-Bahn nun wieder fuhr, ließ man die neue Verbindung bestehen und machte aus ihr die Omnibuslinie A 12. So kam man unproblematisch zur U-Bahn-Endstation an der Seestraße, wo auch neue und attraktive Einkaufsmöglichkeiten zu erreichen waren. Außerdem kamen manche Frohnauer mit dem Bus leichter zu ihren Arbeitsstätten zum Beispiel an der Holländerstraße. Ich war vorher immer mit der S-Bahn zur Bornholmer Straße gefahren und dort in die Straßenbahnlinie 3 gestiegen, um zur Seestraße zu gelangen. Das hatte den Nachteil, dass ich zweimal bezahlen musste, denn einen Verbund zwischen S-Bahn und BVG gab es ja noch nicht. Aber auch als die Fahrkarten schon mit Westgeld bezahlt werden mussten, konnte ich auf der Straßenbahnlinie 3 noch mit Ostgeld bezahlen, denn die Linie hatte an der Bösebrücke (Bornholmer Straße westlich und auch östlich eine Haltestelle. Der Ost-Schaffner kassierte noch auf der Fahrt über die Brücke, bis er dann auf der Westseite von seinen Westkollegen abgelöst wurde. Ab dem 1. August 1953 fuhren die Straßenbahnen allerdings nicht mehr über die Sektorengrenze.

Die Linie A 12 erfreute sich zunehmender Beliebtheit. Das sah man unter anderem an der Tatsache, dass die BVG ausgerechnet zwischen der Seestraße und Frohnau am 1. Juli 1950 ihre erste

Schnellbuslinie einrichtete, die Linie A 12 S. Sie war deutlich an ihrer weißen Liniennummer auf rotem Grund erkennbar. Die Linie verkehrte vom Zeltinger Platz in Frohnau bis zur Seestraße. Die Busse hielten aber nicht an jeder Haltestelle – in Frohnau nur noch am Pilz und danach am »Sandkrug«, der (Ende der sechziger Jahre abgerissenen) Gaststätte am so genannten Entenschnabel, also schon auf Glienicker Gebiet. Die nächste Halt war dann am Hermsdorfer Damm. Als der »Zwölfer« nach und nach bis zur Bernauer Straße verlängert wurde, erhielt der Schnellbus seine Endhaltestelle am Leopoldplatz. Später verlor die Schnellbuslinie an Attraktivität, als sie mehr und mehr Haltestellen bekam. Äußeres Zeichen der Veränderung war, dass man aus dem »roten Zwölfer« A 12 S den »roten Einsetzer« A 12 E machte. Die BVG hatte sich nämlich inzwischen etwas anderes einfallen lassen. Sie richtete am 1. Februar 1958 zwei neue Schnellbuslinien ein, die vom Bahnhof Zoo nach Süden und Westen verkehrten. Später wurden es sogar vier, und sie erhielten die Bezeichnungen A S 1 bis A S 4. Auf diesen Linien musste man aber – im Gegensatz zum Frohnauer Schnellbus – einen Zuschlag von 10 oder 15 Pfennig zahlen.

Ausgerechnet auf der Linie A 12 geschah am 6. Juli 1958 der schwerste Unfall in der Geschichte der BVG. Seit 1952 hatte die Buslinie eine neue Route, weil die Oranienburger Chaussee von der DDR gesperrt worden war. Der Busverkehr ging vom Zeltinger Platz aus durch die damals noch recht schmale Burgfrauenstraße. Man erzählte sich, dass der Busfahrer eines »Zwölfers« in seiner Pause verbotenerweise in der »Volksgaststätte« am Zeltinger Platz, die recht einladend direkt an der Haltestelle Ecke Burgfrauenstraße lag, seinen Durst mit Bier gelöscht habe. Nicht mehr ganz nüchtern und außerdem mit Verspätung sei er mit überhöhter Geschwindigkeit die Burgfrauenstraße entlang gefahren. Und dann passierte etwas, was man bis dahin für unmöglich gehalten hatte. Die Burgfrauenstraße hatte damals noch in der Höhe des Otternwegs eine leichte Biegung, was man bis

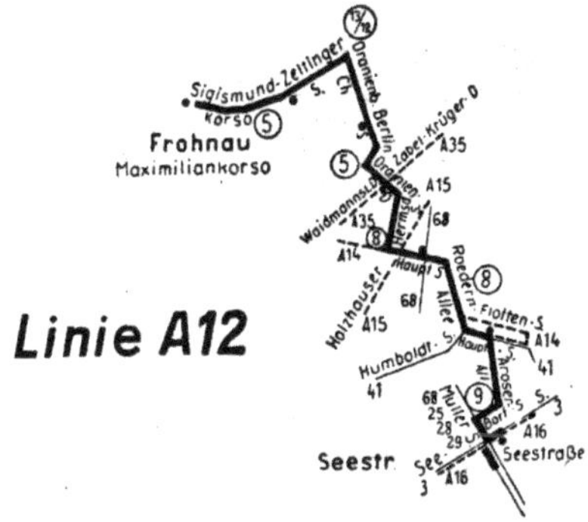


Zweimal »Zwölfer«: Als 12 E Anfang der siebziger Jahre am Zeltinger Platz und als Linienbild des A 12 im Jahre 1951

heute am Verlauf der Gartenzäune sieht. An dieser Stelle verlor die Fahrer die Gewalt über sein Fahrzeug, und der Doppeldeckerbus kippte um. Vier Tote waren damals zu beklagen.

In der Mitte der fünfziger Jahre erhielt Frohnau eine zweite BVG-Buslinie. Zunächst hatte es überhaupt keine Verbindung mit öffentlichen Verkehrsmitteln zwischen Frohnau und Tegel gegeben. Man konnte natürlich mit der S-Bahn über Schönholz fahren, was recht umständlich war. Dann wurde zwar eine Busverbindung von Frohnau nach Tegel eingerichtet, aber die wurde nicht von der BVG, sondern von der Firma Schneider betrieben, deren Fahrscheine nicht zum Umsteigen auf BVG-Fahrzeuge berechtigten. Dagegen konnte ich mit einem »Schüler« der BVG, das heißt mit der Fahrkarte für Kinder bis zum vollendeten 14. Lebensjahr, damals für 15 Pfennig innerhalb des BVG-Netzes umsteigen. Wenn ich meine Schwester auf der Schulfarm Insel Scharfenberg besuchen wollte, fuhr ich mit dem Bus A 12 bis zur Barfusstraße am Wedding und stieg dort in die Straßenbahn 28, die mich nach Tegelort brachte. Eine richtige Weltreise, dafür aber preiswert. Also nahm ich die lange Fahrzeit in Kauf und verzichtete auf den Privatbus.

Der »Fünfzehner« Mitte der fünfziger Jahre am Ludolfingerplatz

Als nun die BVG ihre Linie A 15 nach Frohnau verlängerte und so den Privatbus vertrieb, waren wir natürlich heilfroh. Der »Fünfzehner« hatte vorher nur zwischen Wittenau und Tegel verkehrt. Die BVG gestaltete die Streckenführung etwas kundenfreundlicher als die Privatfirma und nahm auch das Stück des Maximiliankorsos bis zur Alemannenstraße mit, während der Schneider-Bus anfangs gleich die Welfenallee entlang zur Frohnauer Straße gefahren war und später immerhin noch den Umweg über den Donnersmarckplatz machte. Zunächst hatte der »Fünfzehner« seine Endhaltestelle am Bahnhof Frohnau. Die Route bis zur Invalidensiedlung, die der Schneiderbus nur stündlich oder gar zweistündlich bedient hatte, wurde vom Bus A 12 übernommen, der nun abwechselnd zum Sigismundkorso Ecke Maximiliankorso und zur Invalidensiedlung fuhr. Von der Stadt bis zum Zeltinger Platz gab es einen 15-Minuten-Takt und entsprechend wurden die beiden Endhaltestellen jede halbe Stunde bedient.

Der »Fünfzehner« wurde zum regelrechten Schulbus. An und in der Nähe seiner Strecke liegen mehr als ein halbes Dutzend Schulen. In den Wintermonaten durfte ich mir für sechs Mark eine Schülermonatskarte kaufen und mit dem Bus zur Georg-Herwegh-Schule fahren. Nun war die BVG damals nicht so großzügig wie heute. Zwar sind Schülermonatskarten jetzt erheblich teurer, aber es sind Netzkarten. Damals hieß es in den Bestimmungen der BVG, dass Schüler, Studenten und Lehrlinge eine Schülerkarte auf besonderen Antrag erhielten, und zwar »für eine Strecke entsprechend dem Weg zwischen Wohnung und Unterrichtsort bzw. Lehrstelle, wobei Linien der Straßenbahn, des Omnibusbetriebes und U-Bahnstrecken benutzt werden dürfen, die von der BVG bestimmt werden.«

Jetzt kam es darauf an, möglichst viele Linien zu ergattern – bis zu drei waren möglich, natürlich nur, wenn der Schulweg das erforderte. Trotzdem probierten wir alle möglichen Tricks aus, um mehr als eine Linie zu erhalten. Wer nur eine Linie auf seiner Monatskarte hatte, wurde als Versager angesehen. Die Ausgabestelle am südlichen Ausgang des U-Bahnhofs Tegel galt für Frohnauer als schwierig. Allzu leicht bewies man mir dort, dass ich sehr wohl mit dem Bus A 15 auskäme und den »Zwölfer« nicht für meinen Schulweg brauchte. Erst als ich es – nach entsprechenden Ratschlägen meiner Schulkameraden – am U-Bahnhof Seestraße versuchte, war mir das Glück hold, und ich erhielt die beiden Frohnauer Buslinien für einen Winter. Meinem Freund war es auch gelungen, die beiden Linien zu bekommen, und so nutzten wir die Gelegenheit, kleine kostenlose Spazierfahrten zu veranstalten. Mit dem »Fünfzehner« fuhren wir von Frohnau über Tegel zur Hauptstraße in Wittenau (Alt-Wittenau), stiegen dort um in den »Zwölfer« und fuhren nach Frohnau zurück. Dufte! Heute würde man natürlich »Cool!« sagen.

Die Linie A 15 wurde außerordentlich gut angenommen. Häufig waren die Busse so voll, dass man nicht mehr mitkam. So forderten die Frohnauer wiederholt die Einrichtung einer zusätzlichen Schnellbuslinie nach Tegel, was die BVG aber ablehnte.

Im Juni 1991, als die Buslinien nach der Vereinigung des West- und des Ostnetzes dreistellige Liniennummern erhielten, wurde aus dem »Fünfzehner« der »Hundertfünfundzwanziger«. Die Linienführung blieb bestehen, sieht man einmal von einer späteren geringfügigen Verkürzung der Linie in Wittenau ab. Anders erging es dem »Zwölfer«. Er hieß ab 1991 Linie 120. Dann aber ordnete man das Busnetz neu und nahm den Frohnauern den »Hundertzwanziger« weg. Der fuhr jetzt von der Bernauer Straße zum Humboldt-Krankenhaus und später nach Tegel. Nach Frohnau verkehrte stattdessen die Linie 421, die streckenweise die Linie 121 ergänzte und in Richtung Bahnhof Jungfernheide fuhr. Als die vierhunderter Nummern den Sonderlinien vorbehalten bleiben sollten, wurde aus dem »Vierhunderteinundzwanziger« die Linie 225. Entsprechend seiner geringer gewordenen Bedeutung verkehrte dieser Bus zeitweise nur noch bis nach Wittenau.

Weitere Buslinien nach Frohnau gab es höchstens vorübergehend, zum Beispiel, als nach der Wiedervereinigung die Oranienburger Chaussee nach Norden hin geöffnet wurde, die S-Bahn aber noch nicht nach Oranienburg fuhr. Im Jahre 1989 hatte die BVG durch die »Gesellschaft für Informationsverarbeitung, Verkehrsberatung und angewandte Unternehmensforschung (IVU)« ein neues Verkehrskonzept für das West-Berliner Busnetz erarbeiten lassen. Das großartige »Bedienungskonzept Bus '90« sah ein rotes, ein schwarzes und ein gelbes Netz vor, wobei statt der Linie 12 der Bus 62 nach Frohnau fahren, der Fünfzehner zwischen Frohnau und Heiligensee (über U-Bahnhof Alt-Tegel) verkehren und zusätzlich in Frohnau (und auch Hermsdorf) eine Kietzlinie mit der Nummer 27 eingerichtet werden sollte. Auf manchen Bürgersteigen wurden an den vorgesehenen Haltestellen bereits einige Flächen gepflastert.

Doch die Wiedervereinigung warf alle diese Pläne über den Haufen. Zwar wurde einiges verwirklicht – zum Beispiel die neue Linienführung der Linie 12/120 und der Hermsdorfer Kietzbus – die Verbindung über Tegel nach Wittenau aber blieb bestehen. Pläne für einen Frohnauer Kietzbus gibt es zwar noch,

1990 am Ludolfingerplatz: Linie E nach Hohen Neuendorf

aber nicht jeder Einwohner der Gartenstadt möchte die Lärmbelästigung durch Busse vor seiner Haustür haben. So bleibt abzuwarten, ob es jemals dazu kommt, dass zum Beispiel an der Ecke Schönfließer und Gollanczstraße ein BVG-Bus hält.

Ein neues großes Revirement gab es am 12. Dezember 2004. Die BVG hatte ihr Verkehrskonzept »BVG 2005 plus« erfunden, dessen hervorstechendes Merkmal die Metrolinien waren. Insgesamt 24 Bus- und Straßenbahnlinien tragen jetzt ein M vor ihrer Liniennummer. Sie dienen angeblich der besseren Flächenerschließung und fahren 20 Stunden am Tage. Frohnau bekam keine solche M-Linie ab, aber Veränderungen gab es trotzdem. Der »125er« wurde über Wege und Umwege bis zum U-Bahnhof Osloer Straße verlängert und der »225er« verschwand aus dem Busnetz. Dafür kehrte der »120er« Bus reumütig nach Frohnau zurück, allerdings mit neuer Endhaltestelle. Nicht mehr die Eberswalder Straße in Prenzlauer Berg wird jetzt angesteuert, sondern der Bahnhof Wedding bzw. der Leopoldplatz.

Viel hat sich für die Frohnauer nicht geändert. Der »125er« Bus wurde ja schon vorher meist nur für Fahrten nach Tegel be-

Die geplante Route des Frohnauer Kietzbusses

nutzt. Wer zur Osloer Straße will, kann das besser mit S- und U-Bahn tun, wenn er in Wittenau in die U 8 umsteigt. Und mit dem »225er« ist wohl kaum jemand die lange Strecke bis zum Bahnhof Jungfernheide gefahren. Das geht erheblich schneller mit der S-Bahn, zumindest seit der Ring wieder in Betrieb ist. Mit dem zurückgekehrten »120er« kommt man jetzt zügiger als früher zur Seestraße, denn er macht nicht mehr den Umweg über Hermsdorfer Straße und Alt-Wittenau, sondern fährt die Bundesstraße 96 gerade durch. Insgesamt aber ist das neue Verkehrskonzept nicht allzu wichtig für Frohnau. Wichtig ist eigentlich nur, dass die Fahrpläne der beiden Buslinien ein problemloses Umsteigen am S-Bahnhof Frohnau gewährleisten.

# 7 Die Frohnauer Grenze

Frohnau hat eine bemerkenswerte Grenze. Der größte Teil davon trennt die Bundesländer Berlin und Brandenburg, und ein kleiner Teil, der südliche, markiert den Übergang ins übrige Berlin, d. h. in den Tegeler Forst und den Nachbarort Hermsdorf. Im Südosten grenzt Frohnau an den so genannten »Entenschnabel«, einen kleinen brandenburgischen Einschnitt zwischen der Gartenstadt und Hermsdorf. Der Nachbar im Osten, Glienicke, der, anders als Frohnau, 1920 nicht Teil der Hauptstadt wurde, war so eng mit der Gartenstadt verwoben, dass die DDR bei der Abriegelung der Grenze 1952 einige Mühe hatte, die beiden Orte voneinander zu trennen. So verliefen zum Beispiel am östlichen Ende des Bieselheider Wegs die Absperrungen in merkwürdigen Windungen. Das nördlich der Straße gelegene Grenzgrundstück reichte weiter nach Osten als das Grundstück auf der gegenüber liegenden Straßenseite. Und wer südlich vom Edelhofdamm an der Oranienburger Chaussee wohnte, hatte fast 30 Jahre lang vor seinem Grundstück keine Straße, sondern eine Mauer mit Todesstreifen.

Die Grenze bestimmte lange das Leben in der Gartenstadt. Zuerst wurde ich auf sie aufmerksam gemacht, als ein Schulkamerad eines Tages behauptete: »Unser hinterer Gartenzaun ist die Zonengrenze.« »Was für ein Angeber«, dachte ich. Doch er hatte Recht. Er wohnte in der Straße Am Rosenanger, und tatsächlich, hinter seinem Grundstück war der Entenschnabel, wo ab und zu auch »Vopos« auftauchten. Unser Grundstück war zwar auch nicht weit weg von der Grenze, aber eine Zonengrenze war unser Zaun nicht. Er teilte nur ganz normal die Grundstücke unserer Nachbarn von dem unseren ab.

In Frohnau gab es nach dem Entstehen der DDR nur zwei Himmelsrichtungen: Westen, Osten und Norden waren Osten, und der Süden war Westen. Zum Teil war wegen des Entenschnabels auch der Süden Osten. Solange man die Grenzen noch überschreiten konnte, hatte das politische Halbinseldasein Frohnaus sogar gewisse Vorteile, zumindest sobald die Westmark viel mehr wert war als die Ostmark. Wer jeden Pfennig zweimal umdrehen musste, nutzte den günstigen Umtauschkurs, ging zur Frohnauer Wechselstube in der Welfenallee, tauschte West gegen Ost und fuhr nach Glienicke oder Hohen Neuendorf zum Einkauf, ins Kino oder zum Fotografen. Natürlich wurden diese Grenzgänger scheel angesehen. Für den Osten waren sie Währungsspekulanten und für den Westen paktierten sie mit Ulbricht. Das half mir aber nichts. Immer wieder musste ich am Bieselheider Weg die Seiten wechseln, im nahegelegenen Konsum für die Familie Brot, Brötchen, Mehl und Ähnliches einkaufen und nach Frohnau schmuggeln. Für Autos war die Straße gesperrt. Radfahrer mussten absteigen und auf dem Bürgersteig auf die andere Seite laufen. Ausgerechnet als ich einmal zu faul zum Absteigen war und mit dem Fahrrad auf den Bürgersteig fuhr, geriet ich in die Fänge eines »Vopos«. »Wenn ich dich noch einmal mit dem Fahrrad auf dem Bürgersteig erwische, lasse ich dir die Luft aus den Reifen!« drohte er.

Ab Juni 1952 waren Fahrten nach Glienicke – zu meiner Erleichterung – nicht mehr möglich. West-Berliner, die in die DDR einreisen wollten, mussten nun in Ost-Berlin eine Genehmigung beantragen. Die Einwohner Frohnaus konnten das in Pankow tun.

Die alte Reichs- und heutige Bundesstraße 96, die in Frohnau Oranienburger Chaussee heißt, war bis 1952 der Zubringer nach

Frohnau. Man fuhr vom Stadtzentrum aus in Richtung Norden bis zum Sandkrug und bog dann nach links in den Fürstendamm ein, der die Autofahrer bis zum Zeltinger Platz und damit ins Zentrum von Frohnau brachte. Früher fiel es gar nicht weiter auf, dass man kurz nach der Hermsdorfer Burgfrauen- bzw. Veltheimstraße Berlin verließ, bevor man nach Frohnau kam. Man nahm es auch kaum zur Kenntnis, dass die 96 bis zur Leipziger Straße bzw. dem Edelhofdamm nicht zu Berlin gehörte.

Aber 1952 machte sich dieser Umstand unangenehm bemerkbar. Der Autoverkehr musste plötzlich umgeleitet werden, denn das ihr gehörende Teilstück der Oranienburger Chaussee wurde von der DDR gesperrt. Auch der Bus A12 brauchte eine neue Route, denn vorher fuhr er vom Bahnhof Frohnau die Zeltinger Straße entlang bis zum Pilz und bog dort nach rechts in die Oranienburger Chaussee ein. Wenn er am Sandkrug hielt, war er in Glienicke, also in der DDR. Vom 1. Juni 1952 an musste sich der gesamte Verkehr durch die vorher wenig befahrene Burgfrauenstraße bis zur Hohefeldstraße und dann durch die schmale Odilostraße zur 96 quälen. Der Rückweg ging durch den nicht breiteren Oswinsteig. Odilostraße und Oswinsteig wurden zu Einbahnstraßen erklärt. Erst als der Hermsdorfer Teil der Burgfrauenstraße, damals ein Sandweg, ausgebaut worden war, konnte der Verkehr wieder einigermaßen normal nach Frohnau rollen.

Auf der Oranienburger Chaussee zwischen Hermsdorf und dem Edelhofdamm rollte nichts mehr. Zunächst wucherte Unkraut auf ihr, und als die Stacheldrahtverhaue später durch die Mauer ersetzt wurden, entfernte man das Straßenpflaster und legte auf ihr einen peinlich sauber gehaltenen Todesstreifen an. Zwischen Edelhofdamm und Chaussee wurde eine neue Verbindung geschaffen, damit die Autofahrer nicht in einer Sackgasse landeten. Die Zufahrt zu den Frohnauer Häusern am gesperrten Teil der Chaussee verlief über die Bürgersteige, die zum »Westen« gehörten. Über den weiteren, zu Frohnau gehörenden Teil der Oranienburger Chaussee lief nur noch der Anliegerverkehr. Im Gegensatz zu heute hatte man damals keine Mühe, sie zu überqueren. Die Strecke zur Invalidensiedlung diente außerdem dem Ausflugsverkehr und so manchen heimlichen Rennfahrten.

Aber auch der Westen errichtete seine Sperren. Als im Juli 1952 der Mitarbeiter des »Untersuchungsausschusses Freiheitlicher Juristen«, Dr. Linse, am helllichten Tage in den Osten entführt wurde, begann man damit, an den Ausfallstraßen eiserne Barrieren zusammenzuschweißen, um auf diese Weise potenziellen Entführern den Weg zu versperren. In Frohnau verbarrikadierte man alle möglichen Straßen, zum Beispiel am Ende der Alemannenstraße den Pechpfuhlweg und ein Stückchen weiter die ehemalige Zufahrtstraße zu den Bauten auf dem Stolper Feld, in denen im Kriege Zwangsarbeiter und nach Kriegsende französische Soldaten untergebracht waren. Dieses kurze Straßenstück endete damals schon im Nichts beziehungsweise im Stolper Feld, aber man konnte ja nie wissen. Auch am Ende des Fürstendamms errichtete man auf westlicher Seite rot-weiß gestrichene Absperrungen. Der Verkehr war ja, wie gesagt, schon im Juni umgeleitet worden.

Mit dem 13. August 1961 verschwand auch der letzte Übergang zwischen Frohnau und seinem Umland. Den hatten seit Juni 1952 nur Menschen mit DDR-Pass benutzen können, aber immerhin, es gab ihn noch: die S-Bahn-Verbindung zwischen Frohnau und Hohen Neuendorf. Mit der S-Bahn fuhren manche Schüler zu ihren Schulen in den Westen, und zeitweise hatte der Frohnauer Posaunenchor ein Mitglied aus Hohen Neuendorf. Jetzt war die Trennung perfekt. Ab und zu gab es begrenzte Passierscheinaktionen zu Weihnachten oder Ostern, während derer die West-Berliner ihre Verwandten in Ost-Berlin besuchen konnten, aber das war schon alles. Nur wer sich einen westdeutschen Pass besorgt hatte, konnte jederzeit nach Ost-Berlin.

Zehn Jahre nach dem Mauerbau wurde das so genannte »Vierseitige Abkommen« (Viermächte-Abkommen) unterzeichnet. Als es am 3. Juni 1972 in Kraft trat, durften West-Berliner nach Ost-Berlin und in die DDR einreisen, und zwar auch als Touristen, also ohne Einladung von Verwandten oder Freunden. Ohne lange zu zögern nutzte ich die Gelegenheit, die Umgebung Frohnaus, die ich aus meinen Kindertagen kannte, nach langer Zeit wieder in Augenschein zu nehmen. Aber natürlich ging das nicht auf kürzestem Wege. Frohnau war für die S-Bahn Endstation, und einen Straßenübergang nach Norden gab es nicht. Heute kann man den Pechpfuhlweg entlang von Frohnau nach Stolpe wandern und ist in zwanzig Minuten dort. Oder man fährt die anderthalb Kilometer mit dem Fahrrad und schafft die Distanz in noch kürzerer Zeit. Man kann es sich kaum noch vorstellen, dass Stolpe mehrere Jahrzehnte lang nur schwer oder gar nicht erreichbar war. Damals musste ich mit meinem im »Besucherbüro« an der Weddinger Schulstraße ausgestellten Berechtigungsschein zum Kontrollpunkt im S-Bahnhof Friedrichstraße fahren, dort ein Visum in Empfang nehmen und mein Geld tauschen, dann in die S-Bahn in Richtung Osten steigen und in Ostkreuz den Zug nach Oranienburg nehmen. Der brachte mich zum S-Bahnhof Hohen Neuendorf. Von dort fuhr zwar ein Bus über Stolpe nach Hennigsdorf; ich aber ging zu Fuß immer am Grenzgebiet entlang und kam schließlich ins recht ärmlich wirkende Nachbardorf. Meine Reise hatte fast drei Stunden gedauert.

Als die DDR 1982 den Grenzübergang Heiligensee/Stolpe eröffnete, ging das erheblich schneller. Die BVG richtete eine Sonderlinie E ein, die elf Mal am Tage zwischen dem U-Bahnhof Tegel und Stolpe verkehrte. In den Fahrplänen stand: »Wichtig! Überprüfen Sie bitte vor Fahrantritt, ob Sie im Besitz gültiger Einreisepapiere sind.« Von der Endstation an der neu erbauten Autobahn konnte man Stolpe Dorf in wenigen Minuten erreichen. Solange der Übergang noch nicht dem Transitverkehr diente, war dort wenig Betrieb. Und so konnte sich die Grenzpolizei jedem einzelnen Reisenden ausführlich widmen. Alles was ich bei mir hatte, auch der Inhalt meiner Hosentaschen, wurde mit fast freundlichem Interesse begutachtet. Mein in Oranienburg gekauftes Büchlein mit Volksliedern provozierte natürlich die Frage, was ich damit machen wollte. Als ich verriet, dass ich Trompete spielte, zeigte mein Gegenüber Fachkenntnisse: »Diese Noten sind aber für Akkordeon«, konstatierte er. Doch schließlich gelang es mir, ihn davon zu überzeugen, dass man die Melodien auch auf der Trompete spielen konnte.

Das dritte Mal vor dem Abbau der Grenzanlagen war ich Anfang 1990 mit meinem Sohn in der nördlichen Umgebung Berlins. Wir gelangten ganz direkt über den Pechpfuhlweg nach Norden, obwohl der Grenzzaun noch stand. Aber er hatte schon Löcher. Irgendwelche Aktivisten hatten einzelne Felder des Zau-

Der innere Grenzzaun natürlich erst nach der »Wende« fotografiert

nes abmontiert, und durch die Lücken konnten wir klettern und uns unsere Fahrräder zureichen. Wir fuhren auf dem Grenzweg um den nördlichen Zipfel von Frohnau herum und kamen bis Bergfelde, wo ein Patrouillenwagen der DDR-Grenzpolizei auftauchte. Einer der Insassen sagte etwas hilflos zu uns: »Noch ist das hier Grenzgebiet. Bitte verlassen Sie die Grenzanlage«, und schickte uns auf die DDR-Seite nach Bergfelde. Als die Patrouille verschwunden war, setzten wir unsere Fahrt auf dem Grenzweg fort. Bevor übrigens der Grenzzaun ganz verschwand, wurde er immer wieder einmal geflickt.

Nach und nach bekam die Grenze immer mehr Löcher. Am 17. Februar 1990 wurde die Oranienburger Chaussee nach Norden hin geöffnet, und die Frohnauer fielen den Hohen Neuendorfern in die Arme. Es heißt, dass über hunderttausend Menschen an diesem großen Fest teilnahmen. Vorerst lief der Nord-Süd-

Blick vom Wachturm auf das Stolper Feld

Verkehr noch über das Frohnauer Zentrum, denn die »96« war noch nicht wieder durchgehend befahrbar. Die Anwohner der Straße, die durch den Mauerbau an einer verhältnismäßig ruhigen Straße wohnten, waren von der Aussicht, bald wieder eine laute Verkehrsader vor der Gartentür zu haben, nicht gerade angetan. Doch ihre Unterschriftensammlungen gegen die Öffnung blieben erfolglos.

Die während der Mauerzeit so undurchdringlich und starr wirkende Grenze um Frohnau herum war nicht von vornherein genau fixiert. Als in der Nachkriegszeit die DDR die Demarkationslinie zwischen West-Berlin und ihrem Gebiet zur Staatsgrenze erklärte, stellte es sich heraus, dass man vergessen hatte, den nördlichen Teil des Friedhofs an der Hainbuchenstraße, den man für eine Erweiterung vor 1945 dazu gekauft hatte, nach Frohnau einzugemeinden (siehe auch die Karte auf Seite 70). Im Juni

1952 erschienen plötzlich sowjetische Soldaten und Volkspolizisten auf dem Friedhof und besetzten seinen Nordteil.

Später stellte der Westen Schilder auf, die die Friedhofsbesucher baten, sich nicht zu wundern, wenn sie im Nordteil einem DDR-Grenzpolizisten in die Arme liefen. Normalerweise brauche man aber nichts zu befürchten. Es blieb letzten Endes dem Westen nichts weiter übrig, als der DDR das Gebiet für viel Geld abzukaufen. Bei dieser Gelegenheit begradigte man die Grenze und kaufte auch gleich den Gebietsstreifen östlich vom Neuerwerb dazu. Dieses früher als Acker genutzte Gelände hatte die DDR beim Errichten ihrer Grenzanlagen nicht berücksichtigt, so dass diesseits der Grenze ein Niemandsland entstanden war. Nachdem es Teil der Gartenstadt geworden war, baute man auf ihm eine Wohnsiedlung.

Die Unklarheit der Grenzverhältnisse hatte manchmal unangenehme Folgen. Nachdem die DDR nicht mehr betreten werden durfte, wurden bisweilen Spaziergänger von den östlichen »Grenzorganen« gestellt und lange verhört. Als meine Schwester und ihr Freund 1954 zwischen Stolper Feld und Friedhof spazieren gingen, tauchte plötzlich ein Ostpolizist auf, befahl ihnen stehenzubleiben und gab einen Schuss in die Luft ab. Darauf hin erschienen weitere Polizisten und nahmen die »Grenzverletzer« fest. In einem Polizeiwagen brachte man sie nach Hohen Neuendorf, wo man sie bis in die Nacht hinein getrennt verhörte. Schließlich setzte man sie in die S-Bahn nach Frohnau, ohne ihnen allerdings eine Fahrkarte zu geben. Glücklicherweise fiel das dem Mann in der Frohnauer »Wanne«, dem Knipserhäuschen am Bahnsteigende, nicht auf, so dass den beiden eine noch zusätzliche Aufregung erspart wurde.

Schließlich noch eine Kuriosität am Rande. Irgendwie hat es der Hermsdorfer Friedhof geschafft, sich über die Grenze nach Frohnau abzusetzen. Früher hatten die Hermsdorfer einen Friedhof an der Schulzendorfer Straße, doch später entstand an der Frohnauer Straße ein neuer Friedhof. Seine Anlage wurde ebenso wie die des Friedhofs an der Hainbuchenstraße von dem berühmten Gartenarchitekten Ludwig Lesser gestaltet. Ob die Hermsdorfer schon gemerkt haben, dass ihr Friedhof zu Frohnau gehört? Wie dem auch sei, die Grenze zwischen Frohnau und Hermsdorf hat ja nie eine Rolle gespielt, höchstens bei den Stromsperren während der Blockade. Und so spielt es auch keine Rolle, in welchem Ortsteil sich der Hermsdorfer Friedhof befindet.

Heute ist Frohnau wieder fest mit seinem Umland verbunden. Eine Reklamezeitung, die in Frohnau verteilt wird, fasst die Gartenstadt mit den umliegenden brandenburgischen Orten zusammen, nicht aber mit Hermsdorf. Und die katholische Gemeinde wurde wegen Geldknappheit mit verschiedenen Umlandgemeinden zusammen gelegt. Von der einst »perfekten Grenze« mit Mauer, Todesstreifen, Graben, Grenzzaun, Grenzwegen, Alarmanlagen und Wachttürmen blieb nur ein Teil der »Vopopisten« erhalten, Asphaltwege, auf denen die Grenzpolizisten mit ihren Kübelwagen hin- und herfuhren. Auf ihnen tummeln sich heute Spaziergänger, Radfahrer und Rollschuhfahrer als friedliche Bürger.

# 8 Der Neue Gutshof Frohnau

Wandertage für Schüler sind keine neue Erfindung; auch in meiner Jugend machten wir mit unseren Lehrern Ausflüge. In der Volks- (heute Grund-)Schule waren das Wanderungen in die nähere Umgebung, die ja in den ersten Nachkriegsjahren für Frohnauer noch zugänglich war. Eines schönen Tages wanderte meine Klasse durch die Stolper Heide bis an die Havel. Damals wurde dieses Waldgebiet noch nicht von der Autobahn durchschnitten. Am Ende der Hennigsdorfer (heute Neubrücker) Straße kamen wir zu einem Bauernhof mit Hühnern, Gänsen, Ackergeräten und allem, was dazugehört. Im Volksmund hieß er der »Neue Gutshof«, denn es gab schon einen »Alten Gutshof« in der Remstaler Straße, der aber in Wirklichkeit keiner war, sondern ein Wirtschaftshof der B.T.C., auf dem Fuhrwerke und Geräte abgestellt wurden.

Hühner, Kaninchen, Schweine und sogar Kühe waren in Frohnau in schlechten Zeiten nichts Besonderes, konnte man doch auf diese Weise die kargen Fleisch- und Milchrationen aufbessern. Nach dem Ersten Weltkrieg hatte es in der Gartenstadt sogar einen Ziegenhirten gegeben, der die kleinen Milchlieferanten der Frohnauer auf dem Poloplatz weidete. Kühe gab es zum Beispiel im so genannten Welfenhof an der Welfenallee, der 1976 abgerissen wurde. Am unteren Ende der Alemannenstraße hielt Familie Blank mitten im Wohngebiet allerlei Vieh, darunter auch Schweine. Der Besitzer dieses kleinen »Bauernhofs« war

Karte mit dem »Neuen Gutshof« vom Anfang der fünfziger Jahre

der Bruder eines ostpreußischen Gutsherrn, auf dessen Feldern in Neufreudental wir während unserer Evakuierung 1943 bei der Ernte geholfen hatten.

Der »Neue Gutshof« ist heute fast vollständig verschwunden. Überschreitet man von der Neubrücker Straße aus die Grenze Frohnaus in Richtung Westen, so findet man links am Waldesrand Mauerreste und verwilderte Rosenbüsche, die auf die ehemalige Existenz des einst schmucken Hofes hindeuten. Dieser Hof hat nur wenige Jahrzehnte existiert. Ursprünglich gab es hier ein Eichenwäldchen, an das die parallel dazu verlaufende Straße »Am Eichenhain« noch heute erinnert. Nach dem Ersten Weltkrieg erwarb der Geschäftsmann Richard Schleifer dieses Waldstück, ließ die Bäume fällen und zu Eisenbahnschwellen zurechtschneiden, die er ungemein gewinnbringend an das Deutsche Reich verkaufte. Aus den Kahlflächen wurde der Gutshof mit seinen Kartoffel- und Getreidefeldern, und der Gewinn reichte sogar noch für den Kauf weiterer Grundstücke in Frohnau, unter anderem des Geländes, auf dem heute die Renée-Sintenis-Schule steht. Auch das Geschäftshaus am Bahnhofsplatz (heute

Reste des Gutshofes im Wald hinter dem ehemaligen Grenzstreifen

Ludolfingerplatz), in dem sich die erste Schule Frohnaus befand, gehörte zu seinem Besitz.

Man nannte Schleifer den »reichsten Mann von Frohnau«. Das blieb er wohl auch dann noch, als man ihm seinen Gutshof wegnahm. Wäre Schleifer 1920 nicht so sparsam gewesen, hätte er den Gutshof nach dem Zweiten Weltkrieg behalten können. Aber das Anwesen gehörte nicht zu Berlin. Bei der Eingemeindung Frohnaus war es auf Betreiben seines Besitzers vor den Toren der Stadt geblieben, denn so ließen sich Steuern sparen. Das fiel zunächst nicht auf, und man sah den Gutshof nach dem Kriege weiterhin als Teil Frohnaus an, obwohl er – anders als bis 1948 Stolpe – nicht im französischen, sondern im sowjetischen Besatzungsgebiet lag. Die Lage wurde für Schleifer jedoch prekär, als die Sowjets Ende 1948 nach Stolpe zurückkehrten: Sie erhoben Anspruch auf den Gutshof – wie übrigens auch auf einen Teil des Frohnauer Friedhofs. Der damals in Frohnau tätige Polizist Felix Kaluza berichtet, wie Schleifer noch in der nächsten Nacht sein Hab und Gut über die Grenze schaffte und die Sowjets am nächsten Morgen nur noch die leergeräumten

Grabstein der Familie Schleifer auf dem Frohnauer Friedhof

Gebäude vorfanden. Darüber, was mit dem Vieh geschah, gibt es unterschiedliche Berichte. Einer spricht davon, dass es die Sowjets wegtrieben, während Kaluza versichert, dass Schleifer es nach Frohnau bringen konnte. Letzteres ist aber eher unwahrscheinlich, da es dort kaum eine Möglichkeit gab, wo das Vieh hätte untergebracht werden können.

Der Gutshof wurden bei der Errichtung der Grenzanlagen 1952 geschleift, um dort ein freies Schussfeld zu schaffen. Max Mechow schreibt, dass zuvor in den Gebäuden Landarbeiterfamilien untergebracht worden waren – in der DDR war es durchaus üblich, Vertriebene aus dem ehemaligen Osten Deutschlands in beschlagnahmten Höfen unterzubringen.

Wie dem auch sei, Richard Schleifer ging wegen des Verlustes keineswegs bankrott. Und da er weiterhin reich war, wurde er eines Tages von dem Frohnauer Pfarrer Gehann gebeten, die evangelische Gemeinde Frohnaus beim Erwerb eines Hauses im Fuchssteiner Weg finanziell zu unterstützen. Aus dem Haus sollte das evangelische Jugendheim werden. Der Geschäftsmann ließ sich nicht lumpen, sondern spendete reichlich und half entscheidend bei der Umsetzung des ehrgeizigen Plans. Im Jahre 1966 starb er und wurde auf dem Frohnauer Friedhof an der Hainbuchenstraße beigesetzt. Im Gegensatz zu seinem Gutshof ist sein Grab noch heute vorhanden.

# 9 Der merkwürdige Norden Frohnaus

Eigentlich bietet es sich an, die Gartenstadt in Ost- und West-Frohnau zu unterteilen. Die S-Bahn-Trasse ist eine klare Trennungslinie, und nur zwei Brücken und zwei Unterführungen verbinden die beiden Teile. Durch die dritte Unterführung kommt man von Berlin nach Brandenburg. Hier befand sich früher einmal das Vorwerk Zerndorf, das an der Zerndorfer Straße zwischen Stolpe und Frohnau lag. Vorwerk und Straße existierten schon lange nicht mehr, als ausgerechnet an dieser Stelle die DDR einen Grenzübergang für den Autoverkehr bauen wollte, da sie es leid war, vor dem Autobahnbau nach Hamburg den Transitverkehr auf der B5 mitten durch die sowjetischen Kasernen westlich von Berlin rollen zu lassen. Daraus wurde jedoch nichts, denn der Westen machte zur Bedingung, dass die DDR im Gegenzug den so genannten Entenschnabel freigab. Da der Osten ablehnte, blieb Frohnau vom Transitverkehr verschont.

Außer durch die S-Bahn ist Frohnau auch noch technisch in einen Ost- und einen Westteil getrennt. Einmal fiel in Ost-Frohnau der Strom aus, was wir im Westteil erst später merkten, denn bei uns war die Stromversorgung normal. Als ich über die Bahnhofsbrücke fuhr, tauchte ich plötzlich ins Dunkle. Die Geschäfte waren dunkel und die elektrischen Laternen am Zeltinger Platz leuchteten nicht. Auch in der Johanneskirche gab es keinen Strom, und so musste die Übungsstunde des Posaunenchors ausfallen.

Hier aber soll vom Norden Frohnaus die Rede sein. Der Frohnauer Norden ist irgendwie merkwürdig. Zum größten Teil besteht er aus Wald. Das ist an und für sich nicht außergewöhnlich. Geht man nun in diesem Wald spazieren, so stößt man schnell auf Reste von Straßen, also Straßenpflaster, Straßenbäume und Fragmente von Rinnsteinen. Ist hier etwa ein ganzer Ortsteil verschwunden? Nun, ganz so dramatisch ist es nicht. Er ist gar nicht erst gebaut worden. Die Straßen legte man an, um hier Grundstücke verkaufen zu können. Blickt man auf die Karte, die die Berliner Terrain-Centrale zu Werbezwecken in der Anfangszeit Frohnaus herausgab, so stellt man fest, dass im Norden wie in allen übrigen Teilen Frohnaus Haupt- und Nebenstraßen vorhanden sind und das gesamte Gebiet in Parzellen unterteilt ist. Vergleicht man die alte mit einer neuen Karte, so fällt sofort auf, dass die meisten Straßen wieder verschwunden sind und höchstens noch als Waldwege weiter existieren. Manche Straßen sind gar nicht erst oder nur zum Teil entstanden. Auf der alten Karte reicht der Kniggeweg weit nach Norden bis fast zu der Stelle, wo die Oranienburger Chaussee das Stadtgebiet verlässt. Und die Königsbacher Zeile endet im Norden am Hubertusweg. Paral-

Utestraße und ehemalige Elisabethstraße

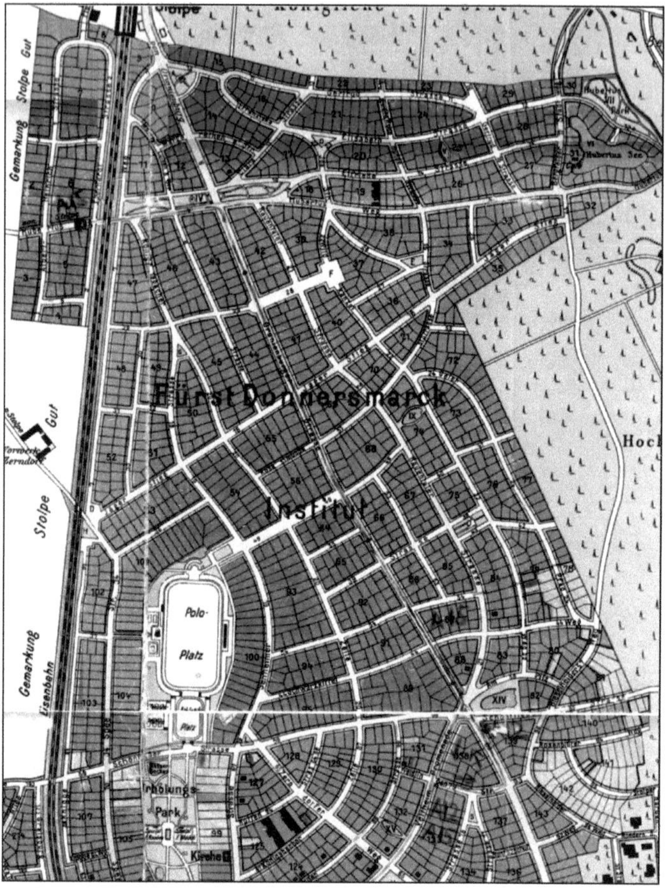


Frohnau-Karte der B.T.C.

lel zur Königsbacher Zeile verläuft die Marie-Luisen-Straße und endet am Jägerstieg, der seinerseits bis zur S-Bahnunterführung in der Nähe der Baumschule führt. Am Hubertussee ist auf der alten Karte übrigens ein Café eingezeichnet.

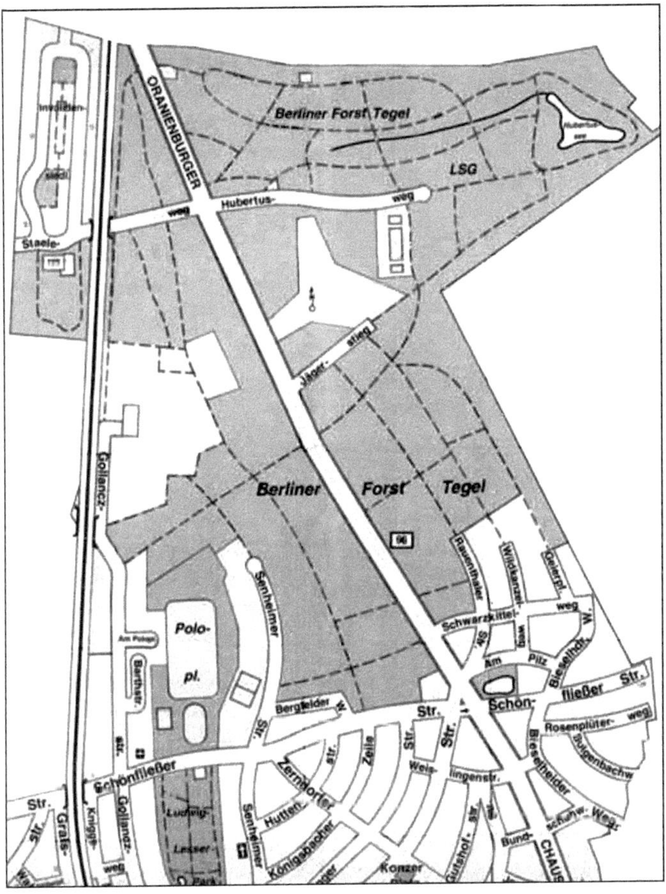


Nord-Frohnau in unseren Tagen

Wir Kinder spielten gern im »wilden« Norden Frohnaus. Manche gingen im Hubertussee baden; allerdings schreckten das nicht sehr saubere Wasser und die Wasserpflanzen eher ab. Unserer Abenteuerlust konnten wir eher an einem Rohr frönen, das den Hubertusgraben in den See leitete und unter dem früher so genannten Bergfelder Stadtweg hindurch führte. Der Graben ist heute ausgetrocknet, aber damals führte er noch etwas Wasser. Die Mutprobe bestand nun darin, durch das Rohr von einem Ende zum anderen zu kriechen. Heute hat man dort, wo das Wasser in das Rohr floss, ein Gitter angebracht, wahrscheinlich damit die heutige Jugend nicht in Versuchung gerät.

Aber es gab noch eine andere Möglichkeit, Abenteuer zu erleben. Auf dem Gebiet des heutigen Künstlerhofes gab es neben mehreren kleinen Gebäuden einen großen Rohbau, der einmal ein Luftwaffenlazarett hatte werden sollen. Die kleineren Gebäude hatten schon vorher als Lazarett gedient. Der Neubau war bei Kriegsende noch nicht ganz fertig, aber es lagerten in ihm schon allerlei Geräte und Medikamente, die sich die Hohen Neuendorfer eines Tages bei der Einrichtung ihres Krankenhauses für ihren Bedarf abholten. In diesem Rohbau ließ es sich herrlich spielen. Wir stromerten durch die verschiedenen Räume und versuchten, etwas Brauchbares zu finden. Am liebsten kletterten wir natürlich auf das flache Dach, von dem man einen guten Rundblick hatte. Manchmal tauchten allerdings irgendwelche Wächter auf, die uns von dem Gelände verjagten.

Das Schöne an dem verwunschenen Waldgebiet war, dass man hier ungestört spielen und Rad fahren konnte. Es gab damals wilde Wettfahrten durch den Wald mit seinen halbfertigen oder fast fertigen Straßen. Wir versuchten, uns vorzustellen, wie die Gegend einmal hätte aussehen sollen, oder wie es wohl wäre, in einem Haus mitten im Wald zu wohnen. Ein paar Häuser gab es ja immerhin, von denen zwei noch heute vorhanden sind, eines in der Gertrudstraße, die 1961 in Utestraße umbenannt wurde, und eines am Anfang der Elfriedestraße, die heute keinen Namen mehr hat. Da das Grundstück auch an den Hubertusweg grenzt, wurde es diesem zugeschlagen und erhielt die Nummer 1. Das Haus in der Mitte der Utestraße hat ebenfalls die Nummer 1. Nun ja, weitere Häuser gibt es ja an der Utestraße nicht. Etwas

Utestraße 1: einsamer Laternenrest vor einsamem Haus. Das Gebäude rechts befindet sich am Hubertusweg Ecke der ehemaligen Elfriedestraße.

anderes ist es mit dem Hubertusweg. Das Gelände, auf dem zunächst Lazarettgebäude waren, danach eine Lungenheilanstalt, eine Außenstelle der Bonhoefer-Nervenklinik, eine Unterkunft für bosnische Flüchtlinge und schließlich, seit 1998, der Künstlerhof Frohnau, ist unter der Nummer 60 zu finden. Außer der Nummer 1 und der Nummer 60 gibt es keine weiteren Hausnummern im Hubertusweg. Merkwürdig, nicht wahr?

Und dann gibt es noch so eine Merkwürdigkeit. Nord-Frohnau hat seinen eigenen Westen. Im Norden gibt es nämlich ein kleines Frohnauer Gebiet, das westlich der S-Bahn-Trasse liegt. Es war, wie das übrige Frohnau, von der Berliner Terrain-Centrale in Parzellen eingeteilt worden und sollte an private Interessenten verkauft werden. Es gab hier eine Albert-Heinrich-Straße, eine Eberhardstraße und den Hubertusweg. Wie im übrigen Nordteil Frohnaus, blieben die Straßen lange Zeit ohne Häuser; nur Wald säumte sie. Aber dann wurde das Gelände über Umwege und nicht ganz freiwillig der »Stiftung Invalidenhaus« übereignet, die während der Nazizeit die fünfzig Häuser der Invalidensiedlung bauen ließ. Diese Siedlung blieb lange Zeit das einzige

Links: Hubertusweg 60. Rechts: Der direkte Übergang zwischen der Invalidensiedlung und Hohen Neuendorf bleibt versperrt.

durchgehend bebaute Gelände im Norden Frohnaus. Doch obwohl hier ab 1938 mehr und mehr Menschen wohnten, verloren die beiden parallel zur S-Bahn-Trasse verlaufenden Straßen 1967 ihre Namen. Jetzt wohnt man, sagen wir, in der Invalidensiedlung, Haus 38 oder Haus 40. Nur der Hubertusweg im Süden behielt noch bis 1971 seinen Namen, dann wurde der zwischen Siedlung und Oranienburger Chaussee verlaufende Teil in Staehleweg umbenannt. Solange die Mauer noch stand, war die Invalidensiedlung nur durch ein einziges Schlupfloch erreichbar, nämlich durch die S-Bahn-Unterführung am Staehleweg.

Dazu kommt noch eine Merkwürdigkeit. Die Invalidensiedlung gehört eigentlich nur verwaltungsmäßig zu Frohnau. Geografisch ist sie eher ein Teil Hohen Neuendorfs. Wer ins übrige Frohnau will, wird den Weg kaum zu Fuß zurücklegen. Er müsste ein ganzes Stück zwischen S-Bahn-Trasse und Wald nach Süden laufen, vorbei an der Gärtnerei Preiss, bevor er auf die ersten Häuser trifft. Solange es hell ist, geht das vielleicht noch, aber bei Dunkelheit erleuchtet keine Laterne seinen Weg. So fährt man lieber mit dem Bus oder dem Auto ins übrige Frohnau. Seit aber die Mauer gefallen ist, kann man durchs nördliche Tor direkt zur Florastraße in Hohen Neuendorf überwechseln und zu den

Geschäften in der Berliner Straße laufen. Mit dem Auto kann man hier nicht hinüber, denn die Invalidensiedlung hält ihr Ausfalltor ängstlich geschlossen. Man muss den Umweg über die Oranienburger Chaussee wählen.

Früher hatte die Invalidensiedlung noch etwas mehr Eigenleben als heute. Sicher, es gibt immer noch an ihrem südlichen Ende das Gemeinschaftshaus, wo man zusammenkommen kann. Und auch ein Frisiersalon hält sich dort noch. Aber als ich die Siedlung kennen lernte, gab es in ihr eine Post, einen »Landposten« der Polizei und kleine Läden. Im Gemeinschaftshaus wurden Filme gezeigt und Gottesdienste abgehalten. Ich erinnere mich noch gut, dass unser Posaunenchor in der Invalidensiedlung eingesetzt wurde, um den Gemeindegesang zu unterstützen. Diese Einrichtungen waren damals wohl wichtiger als heute, schließlich gab es noch nicht so viele Autos und der Bus (A12) fuhr nur jede halbe Stunde.

Was die Besiedlung des Nordens anlangt, so hat sich Frohnau seit den siebziger Jahren langsam in den Wald vorgearbeitet; es entstanden neue Häuser östlich der Oranienburger Chaussee und nördlich der Schönfließer Straße. Am nördlichen Ende des Wildkanzelwegs wurde das Rehabilitationszentrum der Fürst-Donnersmarck-Stiftung in den Wald hinein gebaut. In der Nähe der Sportplätze wurde der Bergfelder Weg angelegt und mit Mietshäusern gesäumt. Hier sollten einmal sogar Hochhäuser gebaut werden, was dem Charakter der Gartenstadt völlig widersprochen hätte. Energische Proteste konnten das schließlich verhindern. Auch an der nördlichen Gollanczstraße wurde und wird gebaut. Zur Zeit entsteht die Siedlung am »Poloteich« auf dem Gelände, auf dem vorher die Firma Schering ihr Institut für Pflanzenschutz hatte. Der Großteil des Waldes im Norden blieb allerdings verschont, weil man in den siebziger Jahren die meisten Straßen entwidmete und das von der Berliner Terrain-Centrale als Bauland vorgesehene Gebiet wieder zu dem erklärte, was es sowieso geblieben war, nämlich Wald. Wollen wir hoffen, dass das verwunschene Stück Frohnau uns weiterhin als Zufluchtsort erhalten bleibt.

# 10 Die fürstliche Stiftung in Frohnau

»Vorne Kudamm, hinten Ostsee«, spöttelte Kurt Tucholsky einst über die Wohnungswünsche der Berliner. Das Fürst Donnersmarck-Haus in Frohnau genügt fast diesem Anspruch. Hinter dem Gebäudekomplex liegt der Frohnauer Wald, vorn der Wildkanzelweg und nicht weit davon eine Haltestelle des 125-Busses. So ist das Rehabilitationszentrum mit der stillen Natur verbunden und gleichzeitig mit dem Frohnauer und Berliner Alltagsleben. Auf diese Verbindung legt man im Fürst Donnersmarck-Haus großen Wert. Einerseits brauchen die Bewohner des Heims ihren Schutzraum, andererseits sollen sie von ihrer Umgebung nicht abgekapselt werden. Deswegen stehen immer wieder Veranstaltungen auf dem Programm, die der Begegnung von behinderten und nichtbehinderten Menschen dienen.

Die Fürst Donnersmarck-Stiftung hat eine längere Entwicklung hinter sich. Schon 1914 hatte Fürst von Donnersmarck auf Anregung seines Leibarztes Dr. Berg in Frohnau ein Lazarett einrichten lassen, das so genannte Vereinslazarett. Die Hauptstelle war in den Räumen des Casinos am damaligen Bahnhofsplatz (heute Ludolfingerplatz). In der Senheimer Straße und in der Straße An der Buche gab es zwei Außenstellen. Da Frohnau einen Bahnanschluss hatte, konnten die Verletzten direkt mit dem Lazarettzug hierher gebracht werden. Damals waren Kriegsinvaliden in ihrer Anstaltskleidung ein gewohnter Anblick in Frohnau. Das Gebäude in der Senheimer Straße hatte übrigens eigentlich die Turnhalle eines humanistischen Gymnasiums sein sollen, aber das ist nie gebaut worden. Stattdessen diente es, wie gesagt, während des Ersten Weltkriegs als Lazarett. Später baute man es zu einer Kirche um, die zuerst von der evangelischen und später von der katholischen Gemeinde genutzt wurde.

Guido Graf Henckel Fürst von Donnersmarck hatte die Kriegsverwundeten des Ersten Weltkriegs im Sinne, als er 1916 seine Stiftung, damals Fürst Donnersmarck-Institut genannt, ins Leben rief. In Frohnau sollten die Verwundeten betreut und Erfahrungen wissenschaftlich ausgewertet werden, die aus ihrer Behandlung gewonnen wurden. Das Stiftungsgeld von anfangs drei und danach vier Millionen Mark ging während der Inflation verloren, Grund und Boden aber blieben erhalten. In der Zeit des Nationalsozialismus gab es Versuche, die Stiftung aufzulösen, aber die blieben erfolglos, nicht zuletzt durch ein geschicktes Taktieren und durch Schenkungen.

Die nationalsozialistischen Behörden hatten angeführt, dass der Stiftungszweck nicht erreicht werden könne, da das Vermögen der Stiftung durch die Inflation auf 96 000 Reichsmark zusammengeschmolzen war. Außerdem warf man der Stiftung vor, dass sie ihren Waldbesitz nicht »forstfachlich« angemessen bewirtschafte. Doch dann gelang es dem Kuratorium, den Behörden glaubhaft zu machen, dass man durch den Verkauf von Teilen des stiftungseigenen Waldes, zum Beispiel des für den Autobahnbau vorgesehenen Geländes, genügend Mittel erwirtschaften könne, um den Stiftungszweck zu erreichen. Schon vorher hatte man – westlich der Bahn – ein Gebiet abgetreten, auf dem die »Stiftung Invalidenhaus« die Invalidensiedlung baute (bezugsfertig 1938). Und 1940 übereignete man dem Reichsfiskus (Luftfahrt) ein Gelände für ein Militärkrankenhaus. Dieses Luftwaffenlazarett wurde übrigens niemals fertig, sondern blieb bis zu seinem Abriss ein Rohbau. So wenig wie die Autobahn durch den Norden Frohnaus gebaut wurde, so wenig konnte die Stif-

Fürst von Donnersmarck und sein Gedenkstein auf dem gleichnamigen Platz

tung in den ersten 30 Jahren ihres Bestehens den Stiftungsgedanken praktisch umsetzen.

Nach dem Zweiten Weltkrieg wurden die Liegenschaften der Stiftung von den Westalliierten beschlagnahmt, da sie als Vermögen einer Organisation des Deutschen Reiches angesehen wurden. Erst nachdem man sie 1950 wieder frei gab, konnte die Stiftung endlich daran denken, ein neues Stiftungsvermögen aufzubauen und damit eine zielgerichtete karitative Arbeit ins Auge zu fassen. Anfangs verkaufte man Holz aus dem stiftungseigenen Forst, doch als dieses Geschäft nach dem Verfall der Holzpreise keinen Gewinn mehr brachte, veräußerte man zum Beispiel 1960 ein Waldgebiet nördlich der Schönfließer Straße für 909 000 Mark an die DeGeWo und am 14. Februar 1974 ca. 1,4 Millionen Quadratmeter des Waldes für 84 Millionen Mark an die Stadt Berlin. Mit dem Geld erwarb man in den siebziger Jahren Mietshäuser. Als diese zu wenig Rendite einbrachten, legte man ein Teil des Vermögens in festverzinslichen Wertpapieren an, deren Erträge man wiederum für die Modernisierung der Mietshäuser verwandte. So konnte das Stiftungskapital in rund vier Jahrzehnten auf über 136 Millionen Mark gesteigert werden.

Im Jahre 1952 war die Stiftungsverfassung in dem Sinne geändert worden, dass nicht mehr nur die Kriegsinvaliden versorgt werden sollten, sondern körperlich behinderte Menschen ganz allgemein. Zunächst unterstützte man stiftungsfremde Projekte und verteilte die Gelder eher zufällig und nach dem Gießkannenprinzip. Zu Weihnachten 1951 erhielten zum Beispiel hilfsbedürftige Menschen, die durch die Kuratoriumsmitglieder Pfarrer Gehann und den Zehlendorfer Superintendenten Schian betreut wurden, eine einmalige Unterstützung von je 2000 DM. Später arbeitete die Stiftung in der Versehrtenarbeit mit Berliner Nachbarschaftsheimen zusammen. Eine angedachte Kooperation mit dem Oskar-Helene-Heim in Dahlem wurde allerdings schließlich nicht als stiftungseigene Aufgabe angesehen und daher nicht in die Tat umgesetzt.

Es bedurfte noch vieler weiterer Überlegungen und Anstrengungen, bis in Frohnau ein eigenes Rehabilitationszentrum entstand. Als Grundstock diente das 1963 in der Rauentaler Straße eingeweihte »Kinderheim Frohnau«, das schon ein Jahr später in die Trägerschaft der Stiftung übernommen wurde. Den Poliomyelitis-Epidemien der Nachkriegszeit waren viele Kinder zum Opfer gefallen, derer man sich hier annahm. Hinter dem Heim wurden in den siebziger Jahren weitere Häuser gebaut, die immer weiter in den Wald hineinwuchsen und immer mehr Behinderte aufnahmen. In der Ausgabe 12-2003/1-2004 der Berliner Behindertenzeitung stand zu lesen, dass heute in dem Heim 124 Menschen im Alter von zwei bis sechzig Jahren leben, die an angeborenen oder durch Krankheit bzw. Unfall verursachten Behinderungen leiden.

Das ursprüngliche und das heutige (schwarz) Stiftungsgelände

Damit diese Menschen nicht als abgeschoben angesehen werden, weder von sich selbst, noch von den Gesunden, organisiert man, wie gesagt, immer wieder gemeinsame Veranstaltungen. Es gibt Theaterprojekte, Fußballspiele, Informations- und Diskussionsabende und schließlich das Sommerfest, zu dem das Rehabilitationszentrum nicht nur die Frohnauer alljährlich einlädt. Und in der Adventszeit versammeln sich die Heimbewohner in der Sporthalle zur Weihnachtsfeier. Das Programm wird fast ausschließlich von Besuchern gestaltet: Jugendgruppen musizieren, Kinder zeigen ein Krippenspiel, der Frohnauer Bläserchor spielt Weihnachtslieder und einer der Frohnauer Pfarrer stimmt auf das Fest ein. Aber auch ein Vertreter der Stiftung kommt zu Worte und blickt zurück auf die geleistete Arbeit und nach vorn auf die zukünftigen Aufgaben. Die Zuschauer sitzen bei Kerzenschein an langen Tischen und folgen mit großer Freude den Darbietungen.

Seit 1996 besteht eine Patenschaft zwischen Soldaten der 7. Kompanie des Wachbataillons der Julius-Leber-Kaserne (früher *Quartier Napoléon*) und der Fürst Donnermarck-Stiftung. Zu Weihnachten bringen die Soldaten kleine Geschenke ins Heim, zum Festival der Militärmusik bekommen Behinderte in ihren Rollstühlen einen Ehrenplatz, und am Behindertentag organisiert das Bataillon zusammen mit dem Schaustellerverband ein Unterhaltungsprogramm für die Heimbewohner. Wie die Berliner Morgenpost am 20. Dezember 2003 schrieb, hat der freundschaftliche Kontakt der Soldaten zu den Behinderten einen traurigen Ursprung. Ein Angehöriger des Wachbataillons war während seines Urlaubs in Berlin von Unbekannten zum Krüppel geschlagen worden. Als Pflegefall fand er im Fürst Donnersmarck-Haus Aufnahme und wurde in der Folgezeit von seinen ehemaligen Kameraden häufig besucht. Aus diesen Besuchen entwickelten sich dann die regelmäßigen Kontakte.

Bis heute fühlt sich die fürstliche Familie der Stiftung verbunden. Das ehrenamtliche Kuratorium leitet der Bankdirektor i. R. Dr. Guidotto Graf Henckel Fürst von Donnersmarck, der Urenkel des 1916 verstorbenen Stifters. Außerdem sind dort der Mediziner Dr. Guido Graf Henckel von Donnersmarck und der Jurist Dr. Leo Ferdinand Graf Henckel von Donnersmarck vertreten. Der Mediziner ist als Chirurg in München tätig und behandelt Menschen mit schweren Verbrennungen und der Jurist fungiert als Präsident der Deutschen Assoziation des Souveränen Malteser Ritterordens in Berlin. So erinnern nicht nur die Donnersmarckallee und der Donnersmarckplatz mit seinem Gedenkstein an den mit der Geschichte Frohnaus so eng verknüpften Fürsten, sondern auch besonders die fürstliche Stiftung mit ihrer so segensreichen Arbeit in Frohnau.

# 11 Schulleben in Frohnau

Das erste Schulgebäude in Frohnau wurde in der Speestraße (heute Gollanczstraße) errichtet und 1929 seiner Bestimmung übergeben. Vorher waren die Kinder in einem Geschäftshaus am Bahnhofsplatz (heute Ludolfingerplatz) und in einem Landhaus am Sigismundkorso unterrichtet worden. Ein humanistisches Gymnasium, das in der Senheimer Straße entstehen sollte, ist nie zustande gekommen; nur die Turnhalle wurde gebaut. Aus der wurde im Ersten Weltkrieg ein Lazarett, dann eine evangelische und schließlich eine katholische Kirche. Ab 1920 mussten die Frohnauer Kinder Hermsdorfer Schulen besuchen, denn die Frohnauer Provisorien wurden aufgelöst. Nach der Eingemeindung Frohnaus nach Berlin wurde am 1. April 1922 in Frohnau die 18. Volksschule (Grundschule) gegründet. Man benutzte die alten Schulräume am Bahnhofsplatz, die aber bald zu eng wurden und im Sommer oft zu heiß waren. Dieser unhaltbare Zustand fand 1929 ein Ende.

Ich wurde 1944 eingeschult, aber nicht in Frohnau, sondern in Malchin, Mecklenburg. Dort wohnten wir seit November 1943 nicht ganz freiwillig. Unser Haus in Frohnau war eine Ruine, seit eine Luftmine auf dem Nachbargrundstück explodiert war. In die Malchiner Schule konnte ich nicht lange gehen, denn gegen Kriegsende wurde sie in ein Lazarett verwandelt mit einem großen Rotkreuzzeichen auf dem Dach. Unser Unterricht wurde in Privathäusern abgehalten, bis die Russen vor der Stadt stan-

Das Geschäftshaus am Bahnhofsplatz (heute: Ludolfingerplatz), das auch die ersten Schulräume beherbergte. Das Gebäude brannte 1945 aus und wurde durch einen vereinfachten Neubau ersetzt. Erhalten blieb einzig der Trakt rechts, in dem sich heute eine Konditorei befindet.

den und wir uns eiligst auf die Flucht begaben. Ich kann mich noch gut an den ersten Satz im Lesebuch erinnern: »Peter hat einen Roller.« Den hätte ich damals auch gern gehabt. Wenn einer von uns Schülern etwas ausgefressen hatte, gab es keine Solidarität. Vielmehr bildete man einen Kreis um den Missetäter und rief mit drohendem Zeigefinger: »Oh, oh, oh, oh, oh, das wird gemeldet!«

Nach den Sommerferien 1945 kam ich an die Frohnauer Volksschule. Die Straße, an der sie lag, hatte unterdessen zweimal ihren Namen gewechselt und hieß jetzt Edith-Cavell-Straße. In Frohnau herrschten andere Sitten als in der mecklenburgischen Kleinstadt, aber nicht unbedingt feinere. Nach dem Kriegsende hatten wir Kinder zunächst das Gefühl, dass es für uns keine Vorschriften mehr gab. Man kletterte über Gartenzäune in fremde Gärten, man tauschte Pausenbrote gegen – den Eltern entwendete – Füllfederhalter, und so manche wertvollen Dinge wie Radiergummis, Bleistifte, Tintentabletten oder Schreibfedern wechselten auf nicht gerade legale Weise ihre Besitzer. Außerdem ging man »über die Bahn«, was natürlich streng verboten war. »Über die Bahn gehen« hieß, dass man sich den Weg zur Schule abkürzte, indem man vom Söllerpfad über den Bahndamm und die Gleise zum Kniggeweg ging. Damals wohnten wir noch in unserer Interimswohnung in der Nibelungenstraße 20, und da dauerte es uns einfach zu lange, bis zur Unterführung an der Neubrücker Straße zu gehen. Wer zu spät in die Schule kam, musste manchmal die ersten fünf Minuten in der Ecke des Klassenzimmers stehen, und dazu hatten wir ganz gewiss keine Lust.

Unser Klassenlehrer, Herr Menanteau, versuchte, etwas Ordnung in unser Alltagsleben zu bringen. Zu seinen Erziehungsprinzipien gehörten auch praktische Hinweise, wie man zum Beispiel mit Butterbrotpapier oder Seife umgehen sollte. Butterbrotpapier wurde selbstverständlich mehrfach verwendet und sollte nach Gebrauch immer wieder schön zusammengefaltet in die Schultasche gesteckt werden. Und wer in der glücklichen Lage war, ein Stück Kernseife zu besitzen, sollte es beim Händewaschen nur einmal in den nassen Händen drehen und dann beiseite legen.

Lehrer mussten überhaupt viel Zeit für nicht unbedingt schulische Dinge aufwenden. Zum Beispiel mussten sie dafür sorgen, dass jeder Schüler seine ihm zustehende Schulspeisung bekam. Dazu wurden für jeden Schüler in Handarbeit lange schmale Zettel angefertigt, die oben mit dem Schulstempel versehen waren und darunter in senkrechter Reihe Abschnitte mit Zahlen für jeden Wochentag enthielten. Bei der Ausgabe der Tagesration wurden sie dann jeweils sorgfältig abgeschnitten. Außerdem mussten die Lehrer mit der »Schulärztlichen Dienststelle« in der Zeltinger Straße zusammenarbeiten und dafür sorgen, dass wir die vorgeschriebenen Impfungen erhielten. Ohne diese Impfungen gab es ja keine Lebensmittelkarten. Anfangs wurden die Impfscheine aus Altpapier zurecht geschnitten und mit Tinte und Feder beschrieben. Das Papier für einen meiner Impfschei-

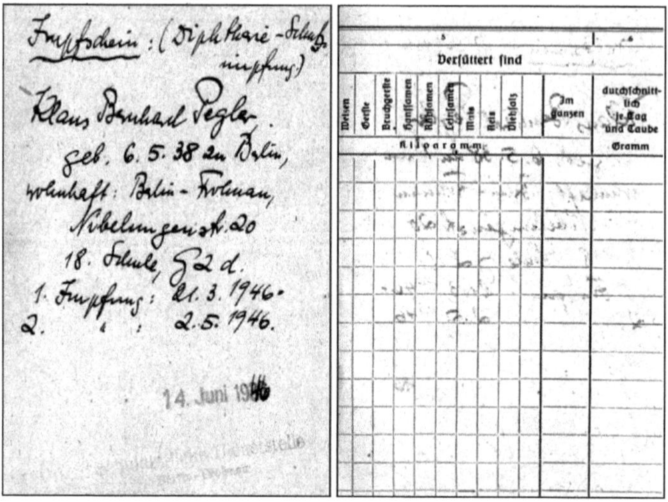
Impfschein: (Diphtherie-Schutzimpfung)
Klaus Bernhard Pegler.
geb. 6. 5. 38 zu Berlin,
wohnhaft: Berlin-Frohnau,
Nibelungenstr. 20
18. Schule, G 2 d.
1. Impfung: 21. 3. 1946.
2. " : 2. 5. 1946.
14. Juni 1946

Verfüttert sind
Weizen | Gerste | Bruchgerste | Hanfsamen | Rübsamen | Leinsamen | Mais | Reis
Kilogramm
Im ganzen
durchschnittlich je Tag und Taube
Gramm

Impfschein auf Altpapier

ne aus jener Zeit stammte offensichtlich aus einem nur einseitig bedruckten Protokollbuch für Taubenzüchter.

Schulraum war knapp in jener Zeit. Fachräume gab es kaum, und die Turnhalle war aus irgend einem Grunde lange gesperrt. Vielleicht lag das auch daran, dass sie wegen des Brennstoffmangels nicht beheizt werden konnte. Im Sommer wurde auf dem Schulhof Völkerball gespielt, und das war in den ersten Jahren schon mein ganzer Sportunterricht. Das Schulgebäude wurde in zwei Schichten genutzt, das heißt, wir gingen einen Monat vormittags in die Schule und den nächsten Monat nachmittags. Herr Menanteau unterrichtete fast alle Fächer im Klassenzimmer, darunter auch Musik. Er hatte stets seine Geige bei sich. So konnte er schon früh das praktizieren, was man heute fächerübergreifenden Unterricht nennt. Im Deutschunterricht wurde der Text eines Liedes aufgeschrieben und besprochen und anschließend wurde mit Hilfe der Geige die Melodie eingeübt. Außerdem nutzte Herr Menanteau den Geigenbogen manchmal für disziplinarische Maßnahmen. Zwar war die Prügelstrafe abgeschafft worden, aber ein kleiner Schlag auf die Hände konnte einen unaufmerksamen Schüler schon einmal in das Unterrichtsgeschehen zurückholen.

In den ersten Jahren nach dem Krieg gab es einen häufigen Wechsel des Schulsystems. Anfangs ging man nach der vierten Klasse in die weiterführenden Schulen über. So begannen meine Schwestern schon die fünfte Klasse in der Hermsdorfer Hans-Thoma-Schule. Als ich in der vierten Klasse war, hatte man die achtklassige Volksschule – also eine Art Einheitsschule – eingeführt. Die blieb aber nur so lange bestehen, bis ich in der siebten Klasse war. Dann wurde die Volksschule, die spätere Grundschule, sechsklassig, so dass im Sommer 1951 gleich zwei Jahrgänge, die sechsten und die siebten Klassen, in die weiterführenden Schulen wechselten. Die Folge war, dass meine Oberschulzeit an der Hermsdorfer Georg-Herwegh-Schule erst mit der achten Klasse begann. Einer meiner Freunde aber blieb in Frohnau, denn im Schulgebäude an der Edith-Cavell-Straße gab es zeitweise auch die 4. Oberschule Technischen Zweiges (heute Realschule) und die 14. Oberschule Praktischen Zweiges (heute Hauptschule).

Im Jahre 1948 wurde die evangelische Schule Frohnau im Sigismundkorso gegründet. Sie bestand zunächst aus einer Grundschule und später auch einem Gymnasium. Das Gymnasium erhielt dann ein eigenes Gebäude auf einem Grundstück, das vom Sigismundkorso bis zur Benediktinerstraße reicht. Der Schulbau für das Gymnasium wurde nach und nach erweitert, eine große Turnhalle wurde gebaut, und im Jahre 2003 entstanden neue Fachräume, die nach den Winterferien 2004 bezogen wurden. Das besondere Profil der Schule ist natürlich die evangelische bzw. christliche Ausrichtung. So kann man in der Oberstufe sogar einen Leistungskurs »Evangelische Religionslehre« belegen. Träger ist heute die Schulstiftung der Evangelischen Kirche Ber-

Die Schuluhr in der Gollanczstraße schlägt nicht mehr jede Viertelstunde

lin-Brandenburg-schlesische Oberlausitz. Und da diese Einrichtung Vorschule, Grundschule und Gymnasium umfasst, brauchen die Schülerinnen und Schüler bis zum Abitur niemals ihre Bildungseinrichtung zu wechseln. Diejenigen, die eine fast familiäre Atmosphäre mögen, sind hier sicher gut aufgehoben. Da die Schule privat ist, muss man allerdings ein Schulgeld bezahlen.

Mein Sohn besuchte eine andere Frohnauer Schule, die 1957 am Laurinsteig eröffnet worden war. Diese Schule gab es im Grunde schon seit 1949, als aus der übervollen Frohnauer Volksschule zwei Schulkörper gemacht wurden, die aber noch einige Jahre im Gebäude an der heutigen Gollanczstraße zusammen blieben: die 18. und die 31. Volksschule. Nachdem sich im Jahre 1951 die Bezeichnungen geändert hatten, hießen fortan sie 23. und 24. Grundschule. Und erst 1957 erhielt die 24. Grundschule als Renée-Sintenis-Grundschule ihr eigenes Gebäude.

Meine letzte Klassenlehrerin in der Grundschule, Frau Schultze, wurde die erste Rektorin der neuen Schule. Das war für mich günstig, als ich mein Grundschulpraktikum machte. So habe ich nicht nur als Schüler, sondern auch als angehender Lehrer eine Menge von ihr lernen können. Auch meine ehemalige Englischlehrerin traf ich an der Renée-Sintenis-Schule wieder. Zu mei-

Die Renée-Sintenis-Schule. Im Vordergrund eine Skulptur der Namensgeberin

nem Erstaunen entschuldigte sie sich bei mir für ihre schlechte Aussprache. Das hatte ich als Schüler gar nicht gemerkt. Im Gegenteil, sie machte den Englischunterricht so lebendig, dass wir Schüler uns meist auf ihre Stunden freuten. Zu Beginn mussten wir aufstehen und im Chor sprechen: »Early to bed and early to rise / makes a man healthy, wealthy and wise.« Gewiss keine schlechte Maxime, auch wenn wir sie damals nicht unbedingt befolgten.

Auch die Renée-Sintenis-Schule wurde nach und nach erweitert, denn die Kinderschar in Frohnau ist groß. Trotzdem versucht heute jede Schule, ein bestimmtes Profil zu entwickeln, um ihre Attraktivität zu steigern. Die Gollanczschule bietet musikalische Grunderziehung und Chinesischunterricht an, die Sintenis-Schule versucht es mit »Plus-Gruppen« für besonders begabte Schüler. Beide Schulen haben sich bemüht, Oberschulen zu finden, die das Begonnene fortsetzen können. Beide sind bei der

Humboldtschule in Tegel fündig geworden. Frau Wu Jiang, die in Frohnau ihre Muttersprache unterrichtet, bietet auch in Tegel Chinesischunterricht an, und die hochbegabten Sintenis-Schüler werden in den Schnellläuferklassen der Humboldtschule gern gesehen.

So führte der Weg von den provisorisch untergebrachten Klassen der Höheren Mädchen- bzw. Knabenschule der Anfangszeit zu den heutigen drei betriebsamen Schulen Frohnaus mit ihren mannigfachen Unterrichtsangeboten, eine für die Gartenstadt überaus begrüßenswerte Entwicklung. Wer aber nicht zur Privatschule will, muss nach dem Besuch der Grundschule wenigstens nach Hermsdorf fahren, wenn nicht weiter. Auch die Tegeler Gymnasien nehmen jedes Schuljahr Frohnauer Schüler auf. Schade, dass aus dem in der Anfangszeit der Gartenstadt geplanten humanistischen Gymnasium nichts geworden ist. Frohnau wäre dafür sicher ein geeigneter Standort gewesen.

# 12 Plätze, Parks und Teiche in Frohnau

»Promenaden, Alleen, Schmuckplätze und sonstige Anlagen sind in reichem Maße vorhanden«, warb die Berliner Terrain-Centrale auf ihrem Frohnau-Plan, der potentielle Grundstückskäufer anlocken sollte. Für die Umsetzung dieses Versprechens zeichnete vor allem Ludwig Lesser verantwortlich, der seit 1908 bei der BTC als Gartendirektor arbeitete. Aber nicht alle Pläne wurden verwirklicht. So sollte es zum Beispiel nordöstlich des Hubertussees, zwischen der Elisabethstraße und dem Bieselfließ, einen Hubertuspark geben. Ansonsten wurden durchaus Alleen und Promenaden geschaffen, und dazu auch einige Parks und Schmuckplätze. Der wichtigste Frohnauer Park, den Ludwig Lesser anlegte, liegt zwischen der Markgrafenstraße und der Schönfließer Straße. Anfangs hieß er einfach Erholungspark; die Nazis nannten ihn »Ernst-Schwartz-Park«. Als ich 1945 in die Volksschule auf seiner westlichen Seite kam, hieß er »Park der Roten Armee«, und das, obwohl die Sowjets Frohnau bereits verlassen hatten. 1958 erhielt er den Namen des Gartendirektors. Zwischendurch hatte er wohl gar keinen Namen, denn »Park der Roten Armee« wollte keiner mehr sagen.

Während meiner Volksschulzeit war der Park eine Art Nebenschulhof. Der Zaun um das Schulgelände war löcherig, und so fiel es uns nicht schwer, unseren Wirkungsbereich in den Pausen erheblich auszuweiten. Besonders als unsere Klasse in der Baracke auf dem Schulhof untergebracht wurde und wir das erste

Blick in den Ludwig-Lesser-Park, einst Erholungspark, Ernst-Schwartz-Park und Park der Roten Armee

Klingeln nach den großen Pausen nicht mehr auf uns bezogen, spielten wir gern möglichst lange im Park. Erst wenn unsere Lehrer aus dem Haupthaus kamen und Kurs auf die Baracke nahmen, kamen wir aus unserem Refugium zurück ins Klassenzimmer. Der Park diente im Übrigen auch dazu, den Naturkundeunterricht zu bereichern, stehen in ihm doch allerlei seltene Bäume und Sträucher, zu denen wir bisweilen zu Unterrichtszwecken geführt wurden.

Zu den »sonstigen Anlagen« Frohnaus zählen sicher auch die vielen Teichgrundstücke. Die Teiche wurden alle künstlich angelegt, um das Regenwasser aufzufangen. In der Nibelungenstraße gibt es gleich zwei davon. Wir nannten sie »Ententeich« und »Froschteich«. Andere nannten sie wegen ihrer Form »Apfelteich« und »Bananenteich«. Der »Bananenteich« ist allerdings erweitert worden, sodass er seine ursprüngliche Form verloren

Vom Eise bedeckt: der »Ententeich«

hat. Außerdem mussten mehrere schöne Kletterbäume seiner Vergrößerung weichen. Als eines Tages nach einem Gewitterguß die Gullys das Regenwasser nicht mehr aufnehmen konnten und das Erdgeschoss des kleinen Hauses an der Ecke Nibelungenstraße/Stolzingstraße (früher Kastanienallee) überflutet wurde, baute man weitere Gullys und legte vom »Ententeich« ein Rohr zum »Bananenteich«, um besser für die schnelle Entwässerung der Straßen gerüstet zu sein. Außerdem legte man an der Stolzingstraße zwischen Gralsritterweg und Münchener Straße einen weiteren Teich an und verband auch diesen mit dem »Bananenteich«. Wir bedauerten das sehr, denn auf diese Weise verschwand ein kleines Wäldchen, in dem es sich herrlich spielen und klettern ließ.

Mit »Froschteich« und »Ententeich« verbinden sich viele meiner Kindheitserinnerungen. Als ich noch in den Kindergarten der Evangelischen Kirche ging, war ich davon überzeugt, dass im »Ententeich« ein Wassermann wohnte. Wenn ich nach Hause kam, ging ich niemals im normalen Schritttempo am Teich vorbei, sondern rannte, so schnell ich konnte. Und mit dem »Froschteich« verband sich ein Lied. Meine Mutter warnte uns im Winter immer davor, das Eis des Teiches zu betreten. Sie legte Wert darauf, dass ich das Lied lernte: »Gefroren hat es heuer, noch gar kein festes Eis«, in dem von einem Büblein die Rede ist, das sich aufs Eis wagte und natürlich einbrach. Zwar endet das Lied tröstlich, denn es kam ein Mann, der das Büblein herauszog, aber zu Hause gab's statt Freude über die Rettung eine Tracht Prügel: »Das Büblein hat getropfet, der Vater hat's geklopfet zu Haus!« Irgendwann zog diese Warnung allerdings nicht mehr, und so machte ich eines Winters Bekanntschaft mit dem kalten Wasser, allerdings nicht im »Froschteich«, sondern im »Ententeich«.

Unseren »Wintersport« betrieben wir in den endvierziger Jahren überwiegend am »Ententeich«. Das einzige Wintersportgerät, das wir hatten, war ein alter Schlitten, der aber noch seine Dienste tat. Und so rodelten wir unermüdlich von der Nibelungenstraße, die an der Stelle etwas höher liegt als das Amseltal, hinunter auf die Eisfläche. Das funktionierte ausgezeichnet, denn damals standen der Rodelbahn noch keine Bäume im Wege. Andere Kinder hatten schon Schlittschuhe, und diesen Glücklichen durfte man natürlich mit seinem Schlitten nicht in die Quere kommen. Mir war es streng verboten, Schlittschuhe auszuleihen. Die waren seinerzeit noch nicht mit Stiefeln fest verbunden, sondern hatten die unangenehme Eigenschaft, sich von der Seite her in die Sohle und in den Hacken zu krallen, was meinen minderwertigen Schuhen gar nicht gut bekommen wäre. Aber immerhin entstanden auf dem Teich, sobald das Eis trug, wunderbare Schlitterbahnen, die für Abwechslung sorgten, wenn das Schlittenfahren langweilig wurde. Dafür reichten meine Schuhe aus. Am Rande des Teichgrundstücks standen die Bäume übri-

Erpel und Agathe auf dem Weg zum Teich und zurück

gens so dicht, dass die Jungen sich herausgefordert sahen, von der Nibelungenstraße bis zum Amseltal von einem Baum zum nächsten zu klettern, ohne die Erde zu berühren.

Heute sind viele Teiche eingezäunt, auch der »Froschteich«, nicht aber der »Ententeich«. Er ist im Winter noch immer beliebter Tummelplatz für Schlittschuhfahrer, besonders für die Eishockeyspieler unter ihnen. Im Sommer sieht man oft Spaziergänger auf den Bänken sitzen und sich an der Natur freuen. Der Teich hat meist auch genügend Wasser, sodass sich auf ihm – seinem Namen gemäß – häufig Enten einfinden. Eine Zeitlang sah man am Teich ein merkwürdiges Paar: einen Erpel und eine Gans. Die Gans war auf einem der Grundstücke am Teich zu Hause. Wir nannten sie nach dem Kinderlied Agathe. In diesem Lied, das mein Sohn eines Tages aus der Schule mitbrachte, war der Partner der Gans Agathe allerdings ein Truthahn, der mit ihr Cha-Cha-Cha tanzte. Wenn die Frohnauer Agathe Ausgang hatte, kam der Erpel, der wohl keine Ente abbekommen hatte, und watschelte mit ihr zum Teich. Ebenso brachte er sie am Schluss des Rendezvous wieder nach Hause.

Zu den schönsten Schmuckplätzen Frohnaus zählen zweifellos der Ludolfinger- und der Zeltinger Platz mit ihren rot- bzw. weißblühenden Rosskastanien. Nach Kriegsende waren die Plätze etwas schmuddelig; außerdem hatte man auf dem Ludolfingerplatz Verwaltungsbaracken aufgestellt. Im Wahlkampf zu den Berliner Wahlen von 1946 waren die Rückenlehnen der steinernen Bänke auf dem Ludolfingerplatz – man sollte es nicht glauben – mit großen weißen Buchstaben beschmiert. »So Endet Deutschland«, hatten Gegner der SED das Parteikürzel neu interpretiert. Nachdem die Plätze so nach und nach wieder hergerichtet worden waren, blieben die Spaziergänger brav auf den Wegen. Die Rasenflächen waren tabu. Dann aber wurde es üblich, beide Plätze für allerlei festliche Veranstaltungen zu nutzen. Das führte letzten Endes dazu, dass die Jugend hier neue Wirkungsmöglichkeiten für sich entdeckte. Und so versammeln sich in der wärmeren Jahreszeit viele Jugendliche auf den Rasenflächen und verbringen ihre Zeit dort mit mehr oder weniger störenden Freizeitaktivitäten. Aber wir waren beim Rodeln und Schlittern auf den Teichen auch nicht gerade leise.

# 13 Kirchenmusik

Kirchenmusik spielt in Frohnau schon lange eine große Rolle. An zwei Kirchen wird sie gepflegt, an der evangelischen Johanneskirche und an der katholischen St. Hildegardkirche. In beiden Kirchen gibt es ständige Chöre, die den Gottesdienst begleiten und bisweilen Konzerte geben. Aber auch Gäste konzertieren in den Kirchen. Da ich mehr oder weniger nur die evangelische Seite kenne, will ich mich auf die Kirchenmusik der Johanneskirche beschränken.

Solange ich mich erinnere, gab es in dieser Kirche innerhalb und außerhalb der Gottesdienste viel Musik. Der Kantor, Horst Nordmann, der im Kriege vor Leningrad »lag«, baute gleich nach seiner Rückkehr den Kirchenchor aus, der in vielen Gottesdiensten auftrat. Wenn der Kirchenchor nicht sang, dann trugen einzelne musikalische Gemeindeglieder – begleitet von Horst Nordmann an der Orgel – Solostücke vor, sei es als Sänger, sei es als Instrumentalisten. Für mich war das oft eine willkommene Abwechslung nach den langen Predigten in den Gottesdiensten. Allerdings hatte ich damals nicht allzu viel für Kirchenmusik übrig. Ich sang zwar eine Weile im Kinderchor mit, aber ohne rechte Begeisterung und Ausdauer. Ich kann mich aber erinnern, dass der Kinderchor einmal im Gefängnis auftrat, und das machte ihn natürlich für mich attraktiv.

Mein eigentlicher Einstieg in die Kirchenmusik fand im Jahre 1956 statt. Im Oktober dieses Jahres waren Idee und Möglichkeit herangereift, dem regen Frohnauer Kirchenmusikleben ein weiteres Standbein zu verschaffen: Ein Bläserchor sollte gegründet werden. Das war leichter gedacht als getan. Es gab weder angehende Blechbläser noch Blechblasinstrumente. Doch beide Probleme konnten auf recht unkonventionelle Weise gelöst werden. Nicht ganz risikolos wurden die ersten Posaunen und Trompeten unter Ausnutzung des Währungsgefälles in Ostberlin besorgt. Für eine Westmark gab es damals fünf Ostmark, und dieser vom Osten als »Schwindelkurs« angeprangerte Umtauschsatz ermöglichte dem Kantor mit einem bescheidenen Finanzrahmen die Beschaffung der notwendigen Instrumente. Nun fehlten nur noch die Bläser. Auch kein unüberwindliches Problem, es gab schließlich eine junge Gemeinde. Zur ihr gehörten zwar keine Blechbläser, aber doch genügend begeisterungsfähige junge Menschen.

Sechs von ihnen kamen also im Oktober 1956 zusammen und erhielten von Herrn Nordmann – zusammen mit freundlichen und aufmunternden Worten – nein, noch keine Instrumente, sondern Mundstücke. Noch war nicht klar, wer Trompete und wer Posaune blasen sollte. Die Trompeten waren irgendwie attraktiver. Bekannte Jazzmusiker wirkten da wohl als Vorbilder, man denke nur an den von der Jugend verehrten Louis Armstrong.

Zunächst wurden die Trompetenmundstücke herumgereicht. Nach Anweisung Herrn Nordmanns pressten wir die Lippen zusammen und stießen unseren aufgeregten Atem ins kühle Metall. Aber, oh weh, nicht bei allen erklang ein passabler Ton, höchstens ein unpassendes Geräusch. Den Glücklichen, die ihrem Mundstück annehmbare Töne entlocken konnten, winkte nun die ersehnte Trompete; die anderen mussten mit einer Posaune vorlieb nehmen – darunter auch ich. Erst zwei Jahre später durfte ich zur Trompete überwechseln.

Eine ganze Weile blieb es beim Blasen der Naturtöne. Bis wir »Ich fahr', ich fahr', ich fahr' mit der Post« intonieren konnten, standen die Weihnachtsferien bereits vor der Tür. Natürlich wollten wir mehr. Die Trompetenventile und Posaunenzüge waren viel zu interessant, als dass wir sie ignorieren konnten. Wir hatten gehört, dass manche Bläser ein ganzes Jahr nur Naturtöne blasen durften, so lange, bis diese vollkommen rein waren. Aber Herr Nordmann erwies sich nicht nur als erfahrener Musiker, sondern auch als guter Pädagoge. Die Begeisterung fürs Trompeten oder Posaunen sollte nicht durch Prinzipienreiterei gefährdet werden. So lernten wir langsam auch den Umgang mit den Zügen und Ventilen. Nach einem Jahr bereits, zum Erntedankfest 1957, wurde der Gottesdienst durch die Musik des neuen Bläserchors bereichert.

Kaum ein Bläser der ersten Stunde blieb dabei. Einigen fehlten Ausdauer oder Talent, andere zogen aus Frohnau fort. Aus den bescheidenen Anfängen aber wuchs ein stattlicher Bläserchor heran. Jetzt kamen keine Anfänger mehr; wer beitreten wollte, musste schon einige Erfahrung mit dem Instrument und der Notenliteratur mitbringen. War der Chor zunächst nur schmückendes Beiwerk, so entwickelte er mit der Zeit genügend Können und Selbstbewußtsein, um eigene musikalische Ereignisse zu gestalten. Nicht mehr nur Choräle und alte Bläsermusiken wurden zu Gehör gebracht, sondern auch schon längere und anspruchsvollere Werke vom Barock bis zur Moderne.

Als Herr Nordmann 1979 in den wohlverdienten Ruhestand ging, übernahm Helmut Kühn mit viel Schwung und neuen Ideen die Leitung des Frohnauer Bläserchors. Unter ihm wurde das Adventssingen mit Chor und Bläsern zum festen Bestandteil des Gemeindelebens. Im Jahre 2003, jetzt unter der Leitung des dritten Kantors der Johanneskirche, Andreas Sieling, feierte man das fünfundzwanzigjährige Bestehen dieser Tradition. Schon im Gottesdienst am Vormittag kündigte Pfarrer Anders eine Überraschung für das Adventsliedersingen an. Wie in den vergangenen Jahren füllte sich die Kirche lange vor dem Beginn des Singens, so dass viele später Kommende stehen mussten. In diesem Jahr waren nun Kerzen auf eigens vor den Kirchenfenstern angebrachten Glasplatten aufgestellt worden, die nach dem Lö-

Die Gemeinde lauscht dem Weihnachtsoratorium (2003)

schen des elektrischen Lichts zusammen mit den Teelichten in den Händen der Besucher festlichen Glanz verbreiteten. Als weitere Besonderheit zum Jubiläum wurde eine erst in diesem Jahr komponierte Weihnachtslieder-Suite aufgeführt, in der die Gemeinde von Kantor, Bläsern und Kantorei durch elf Weihnachtslieder aus acht europäischen Ländern geleitet wurde.

Seit einigen Jahren singe ich in der Frohnauer Kantorei mit. Auch die hat sich prächtig entwickelt. Inzwischen hat sie mehr als hundert Mitglieder, die in jedem Jahr mehrere Chorwerke aufführen. Dabei kam im Sommer 2003 auch ein Werk zur Aufführung, das nicht für die Kirche gedacht war: die »Carmina Burana« von Carl Orff. Es war ein besonderes Erlebnis, diese moderne Komposition, die das mittelalterliche Lebensgefühl einfangen will, einzuüben und vorzutragen. In dem Stück »In Taberna«, das mehr gesprochen als gesungen wird, galt es, den komplizierten lateinischen Text mit atemberaubender Geschwindigkeit möglichst exakt und eindrucksvoll zu meistern. Und wenn im Eingangs- bzw. Schlusschor die launische Fortuna besungen wird, so lassen einem die wuchtigen Klänge regelrechte Wonneschauer über den Rücken rieseln.

Die Aufführung der »Carmina Burana« in der Kirche ist nur einer von mehreren Hinweisen, dass sich inzwischen das Verständnis des Begriffes »Kirchenmusik« gewandelt hat. Längst wirken in den Kirchen nicht mehr nur Chöre, Bläserchöre und Musikensembles, jetzt kommen auch kleine Bands mit elektronischen Instrumenten zum Zuge. Man will die Jugend stärker ansprechen, besonders den Teil, der für die klassische Musik nicht viel übrig hat. So werden in speziellen Gottesdiensten Keyboards und E-Gitarren gespielt und die geistlichen Texte mit eher populärer Musik unterlegt. Auch der Posaunenchor steht da nicht zurück und lässt in den Gottesdiensten Spirituals oder sogar den Ohrwurm »White Christmas« erklingen. Erst recht liebt der inzwischen zahlreich vorhandene Bläsernachwuchs, das »Junge Blech«, den swingenden Sound.

Auch der Aufführungsstil hat sich geändert. Bei größeren Veranstaltungen bleiben die Vortragenden nicht wie früher auf der Orgelempore und damit den Augen des Publikums verborgen. Seitdem in den achtziger Jahren technisch begabte Mitglieder der Frohnauer Kantorei Podeste gebaut haben, die den Altarraum zur Bühne machen, können die Zuhörer Chor und Orchester von vorn hören und sehen. Die Musik wird dadurch quasi konkreter und bleibt nicht bloßer Klang, der zu den Zuhörern herabschwebt. Sänger und Musiker haben Kontakt zur Gemeinde, die mehr und mehr zum Publikum wird. Und nach gelungener Aufführung werden die Vortragenden mit viel Applaus belohnt.

Ein Wort noch zur Zusammenarbeit zwischen den beiden Frohnauer Gemeinden. Sie helfen einander in vielfältiger Weise, auch auf kirchenmusikalischem Gebiet. So hat unser Posaunenchor schon häufiger in St. Hildegard gespielt und auch die Kantorei war mehrmals in der Nachbarkirche zu Gast. Während des ökumenischen Kirchentags sangen Mitglieder des katholischen Chors zusammen mit uns in der Johanneskirche und die Choralschola von St. Hildegard trat im November 2003 in der Johanneskirche auf. So wird das rege Frohnauer Kirchenmusikleben aus zwei kräftig sprudelnden Quellen gespeist.

# 14 Hermann Gehann, ein Frohnauer Pfarrer

Hermann Gehann war Pfarrer in Stolpe, bevor er 1946 zu uns an die Johanneskirche kam. Zeitweise war er in beiden Orten tätig. Ich erinnere mich noch gut, wie er den Pechpfuhlweg entlang von Stolpe nach Frohnau radelte. Er stammte aus Siebenbürgen, und das merkte man an seiner Sprache. Er sprach langsam und deutlich, mit sonorem Bass, das »R« gerollt und das »L« eher dunkel, und in den Ernst seiner Stimme schien sich manchmal ein wenig Traurigkeit zu mischen, so als ob er der verlorenen Heimat nachtrauere. Seine Predigten waren lang, zu lang, wie eines Tages sogar der Gemeindekirchenrat fand; er trug sie frei vor und entwickelte seine Gedanken, während er sprach. Einmal, so erzählte er, sei ihm sein Zettel mit der ausgearbeiteten Predigt von der Kanzel gefallen, und da blieb ihm nichts weiter übrig, als ohne schriftliche Unterlage weiter zu predigen. Danach wollte er sich nie wieder von einem Zettel abhängig machen. Das klingt anekdotenhaft, denn eigentlich konnte man sich nicht vorstellen, dass er jemals anders als frei gesprochen hätte.

Der Gottesdienst begann damals um neun Uhr dreißig. Etwa um zehn Uhr fing Pfarrer Gehann an zu predigen. Erst ganz nüchtern und sachlich: Predigttext, erste Auslegung beziehungsweise Verknüpfung des Textes mit unserer Welt. Dann wurde er leiser, eindringlicher. Man musste die Ohren spitzen, zumal

Pfarrer Hermann Gehann

es keine Lautsprecheranlage gab. Ein Problem wurde angesprochen, häufig ein unerwartetes. Etwa wenn es ums Sterben ging. Sind wir nicht mitten im Leben vom Tode umgeben? Das fängt doch schon bei den Fingernägeln an. Ich schneide sie ab, und ein Teil von mir stirbt, lange bevor der ganze Körper stirbt. Damals kam mir diese Argumentation merkwürdig vor. Dann entwickelte er seine Gedanken weiter, und je tiefer er das Problem anging, desto mehr redete er sich in Emphase. Zeitweise donnerte er geradezu in den Kirchenraum, so dass man sich unwillkürlich duckte. Nach einer Weile aber ging das Gewitter vorüber, und die Sonne kam wieder hervor. Die Katharsis hatte die Seele wieder ins Lot gerückt.

Als Siebenbürger war dem Pfarrer die ländliche Welt der Bibel besonders vertraut. Meine ältere Schwester erinnert sich an eine Predigt, der ein Text aus dem biblischen Buch der Offenbarung zugrunde lag. »Ach, dass du kalt oder warm wärest! Weil du aber lau bist und weder warm noch kalt, werde ich dich ausspeien aus meinem Munde.« (Offenbarung 3, 15–16). Das Thema war uns vertraut. Wir kannten damals ein Lied, das wir bei einer Rüstzeit in Lobetal gelernt hatten: »Heiß oder kalt, ja oder nein, niemals dürfen wir lauwarm sein.« Pfarrer Gehann aber bezog sich auf das Leben der Feldarbeiter. Wenn mittags die Frauen aufs Feld kamen und den Knechten das Essen brachten, so war das eine warme Suppe und kaltes Wasser. Wäre eins von beiden lauwarm gewesen, so hätten die Feldarbeiter es ausgespien.

Manche Predigten – oder eher Teile davon – blieben uns im Gedächtnis haften. Sie waren packend und anschaulich. Andere überforderten uns Kinder und Jugendliche und auch manche Erwachsene. Man merkte das unter anderem daran, dass die Gottesdienste des zweiten Frohnauer Pfarrers, Kurt Karzig, beliebter waren. Pfarrer Karzig schrieb seine Predigten Wort für Wort in ein dickes Heft und trug sie auf der Kanzel vor. Er hatte wohl keine Angst, dass ihm der Predigttext von der Kanzel fallen könnte. Pfarrer Karzig sprach zügig, wohlüberlegt und zielgerichtet. Dadurch war er nach etwa zwanzig Minuten fertig. Pfarrer Gehanns Predigten aber dauerten nicht selten vierzig Minuten, so dass seine Gottesdienste erst kurz vor elf Uhr zu Ende gingen. Eines Tages beschloss der Gemeindekirchenrat eine Empfehlung: Zwanzig Minuten sind genug. So weit ich mich erinnere, gelang es Pfarrer Gehann nur selten, dieses Zeitlimit einzuhalten.

Von moderner Technik schien er nicht viel zu verstehen. Einmal hatte die Gemeinde eine Neuerung eingeführt. Die Akustik des Kirchenraums hatte es manchen Menschen schwer gemacht, leise Worte von der Kanzel zu verstehen. Natürlich gab es Hörgeräte, aber die waren damals noch groß und unbequem. Ich erinnere mich an Steckdosen mit Lautstärkereglern in manchen Bankreihen, in die ein mitgebrachter Kopfhörer gesteckt werden konnte. Dann installierte man in diesen Reihen Induktionsschleifen, die einen drahtlosen Empfang der Predigtworte ermöglichen sollten. Pfarrer Gehann kündigte die Errungenschaft an. Erforderlich seien bestimmte Empfangsgeräte, die die Schwerhörigen sich besorgen sollten. Und so sagte er eindringlich mehrere Male: »Es müssen aber moderne Geräte sein – mit Spulen!«

Meine beiden Schwestern und ich besuchten den Konfirmandenunterricht des Siebenbürger Pfarrers. Die Schwestern wurden 1950 konfirmiert und ich zwei Jahre später. Wir mochten unseren Pfarrer. Bei allem Ernst war er freundlich und humorvoll. Eines Tages lief unser Kater Purzel meinen Schwestern, die auf dem Wege zum »Konfer« waren, solange hinterher, bis die jüngere der beiden, Ingrid, ihn aufhob und mitnahm. Der Konfirmandenunterricht fand in einem der Vorräume zur Kirche statt. Ingrid hatte den Kater in den Ausschnitt ihres Mantels gesteckt, so dass nur sein Kopf herausschaute. Als der Pfarrer zur Tür hereinkam und meine Schwester mit dem Kater sah, gab er dem ungewöhnlichen Gast lächelnd die Erlaubnis zum Dableiben. »Er kann ruhig zuhören, solange er keinen Unsinn macht.« Und tatsächlich verhielt sich Kater Purzel die ganze Zeit mucksmäuschenstill. So wurde er am Schluss des Unterrichts vom Pfarrer ausdrücklich gelobt: »Das ist aber ein braver Kater.«

Als ich dann ab 1950 zum Konfirmandenunterricht ging, haben wir unseren Pfarrer einmal schwer enttäuscht. Aus irgendeinem Grunde hatte er sich verspätet. Und was taten wir Nichtsnutze? Wir verbarrikadierten beide Türen des rechten Vorraums mit Stühlen und Tischen. Als er dann nach einer Weile kam und zunächst weder die Tür an der Eingangstreppe noch die Durchgangstür zum Treppenhaus des Kirchturms öffnen konnte, erklang von draußen ein Donnerwetter, das unser Gewissen wachrüttelte und dem Spuk schnell ein Ende bereitete. Bestraft hat uns Pfarrer Gehann eher indirekt, indem er uns klarmachte, was dieser Dummejungenstreich für ihn bedeutete: einen Vertrauensbruch. Und das tat uns Leid.

Auf Vertrauen legte er großen Wert. Wenn er zu Anfang des Unterrichts die Anwesenheitsliste durchging, sollten wir entweder »Ja« oder »Nein« sagen. »Ja« bedeutete, dass wir am letzten Sonntag im Gottesdienst waren. Entsprechend sagte man

Pfarrer Gehann bei einer Konfirmation

»Nein«, wenn das nicht der Fall war. Von anderen Konfirmanden hatte ich gehört, dass sie beim Besuch des Gottesdienstes einen Stempel in ihre Konfirmandenkarte erhielten, der dann als Anwesenheitsnachweis diente. Pfarrer Gehann aber vertraute dem »Ja«. Etwas anderes gab es für ihn nicht.

Bei aller Freundlichkeit blieb Pfarrer Gehann für uns ganz selbstverständlich eine Respektsperson. Von ihm lernten wir, was Würde ist. Ein Gottesdienst hatte würdig zu sein und unser Benehmen entsprechend. Natürlich waren die Zeiten damals ganz andere. Die Zwanglosigkeit, die heutzutage das Gemeindeleben charakterisiert, wo der Geistliche nicht einmal mehr mit »Herr Pfarrer« angeredet wird, wäre für ihn unvorstellbar gewesen. Auch die Musik hatte der Würde des Gottesdienstes zu entsprechen. Flotte Klänge hatten da nichts zu suchen. Zu unserer Vorbereitung auf die Konfirmation gehörte es, dass wir lernten und übten, wie wir uns beim Einzug in die Kirche zu benehmen hatten: Jeder Konfirmand trug ein schwarzes Gesangbuch bei sich, das aber nicht irgendwie festgehalten werden durfte, sondern das an die Seite der Brust gedrückt werden musste, ähnlich wie der Pfarrer die Bibel trug.

Der Herr Pfarrer kam auch in die Familien, zum Beispiel, wenn dort ein Geburtstag gefeiert wurde. Meine Schwester Christa trägt ihren Namen, weil sie einen Tag vor dem Heiligen Abend geboren wurde. Und so kam Pfarrer Gehann an einem ihrer Festtage zu uns, um meiner Schwester zu gratulieren. Wahrscheinlich war sie damals seine Konfirmandin. Bei dieser Gelegenheit erfuhren wir, dass unser Pfarrer noch keinen Christbaum hatte und so kurz vor dem Fest wohl auch keinen mehr bekommen würde. »Wissen Sie was«, sagte mein Großvater, »nehmen Sie unsern.« Als Gärtner wusste mein Großvater, wie er für uns einen Ersatzbaum zurechtzaubern konnte. Man brauchte nicht extra ein Bäumlein zu fällen, sondern konnte aus Fichtenzweigen einen ganz passablen Weihnachtsbaum zusammenbasteln. Das machte er dem Pfarrer klar, und so zog dieser beruhigt und zufrieden mit unserem Baum von dannen.

Im Jahre 1962 ging Pfarrer Gehanns Zeit in der Frohnauer Gemeinde zu Ende. Pfarrer Karzig hatte Frohnau schon 1961 verlassen. Anscheinend gab es etwas, das wir Jugendlichen kaum oder gar nicht bemerkt hatten. Man sprach von unüberbrückbaren Gegensätzen zwischen Pfarrer Gehann, Pfarrer Karzig und auch Vikarin Thümler, die später die dritte Pfarrstelle in der Frohnauer Gemeinde erhalten hatte. Man wollte einen Neuanfang. Pfarrer Gehann, der übrigens 1957 bzw. 1959 meine beiden Schwestern getraut hatte, fehlte uns sehr, denn er war ein Mensch, der uns in vielfältiger Weise geprägt hat.

# 15 Frohnau zur Wendezeit

Der 9. November 1989 war ein Donnerstag. Das bedeutete, dass der Posaunenchor um 20 Uhr seine wöchentliche Probe hatte. Doch so richtig konzentrieren konnten wir uns nicht. Radio und Fernsehen hatten kurz zuvor etwas schier Unglaubliches gemeldet: Ab sofort sei die unbeschränkte Ausreise aller DDR-Bürger möglich. Der Sekretär des Zentralkomitees der SED, Günter Schabowski, hatte es kurz vor 19 Uhr auf einer Pressekonferenz verkündet. Man wusste zwar, dass die DDR in Bedrängnis war, weil viele ihrer Bürger auf Umwegen über die westdeutschen Botschaften in Warschau, Budapest und Prag in den Westen geflüchtet waren. Und im Oktober, zum vierzigsten Jahrestag der DDR, hatte Gorbatschow seinen ominösen Satz gesprochen: »Wer zu spät kommt, den bestraft das Leben.« Außerdem wusste man, dass an jedem Montag hunderttausend Menschen in Leipzig gegen ihre Regierung demonstrierten. Aber dieser Schritt kam doch unerwartet.

Die DDR-Bürger machten von ihrer neuen Freiheit umgehend Gebrauch, nicht unbedingt, um der DDR für immer den Rücken zu kehren, sondern um den faszinierenden Westen oder auch nur Freunde dort zu besuchen. Gleich zwei Tage später, am 11. November 1989, standen unsere Mahlsdorfer Freunde vor unserer Tür: »Wenn mir einer letzten Sonntag gesagt hätte, dass wir heute in Frohnau sein würden… Wahnsinn!«. Wie oft wir in diesen Tagen »Wahnsinn!« gesagt haben, ist wohl kaum zu zählen.

17. Februar 1990: Der Weg nach Hohen Neuendorf ist frei

Man war gerührt und vergoss Tränen vor dem Fernsehapparat, der pausenlos von der Freude der Menschen und den zahlreichen Begegnungen berichtete. Lange Trabbischlangen standen vor den Grenzübergängen, der Verkehr auf der Stadtautobahn brach zusammen, die dreieinhalb Meter breite Mauer vor dem Brandenburger Tor wurde erstürmt, und die Menschen riefen: »Die Mauer muss weg!«

In Frohnau blieb zunächst alles beim Alten; die Mauer und der Zaun um die Gartenstadt blieben erst einmal stehen. Angestrengt starrten wir hinüber zu den Wachttürmen, ob die wohl noch besetzt waren. Nach und nach wurden Forderungen nach neuen Grenzübergängen laut. Die wurden allerdings fürs erste in der Innenstadt geschaffen, zum Beispiel am Brandenburger Tor. Endlich, am Sonnabend, dem 13. Januar 1990, wurde die Ruppiner Chaussee in Richtung Norden geöffnet – für Frohnauer

3. März 1990: Über den »Entenschnabel« nach Glienicke

die erste Möglichkeit, zu Fuß oder mit dem Fahrrad in die Umgebung, also zum Beispiel nach Stolpe zu gelangen. Am 17. Februar bekam auch Frohnau einen Übergang, und zwar ganz im Norden an der Oranienburger Chaussee. Auch ein Sonnabend. Die Sonnabende wurden zu Grenzöffnungstagen. Der 3. März war der nächste: Jetzt konnten Fußgänger und Radfahrer von Hermsdorf aus durch den »Entenschnabel« nach Glienicke. Danach kam am Sonnabend, dem 7. April, der nächste Reinickendorfer Übergang, und zwar an der Kopenhagener Straße am S-Bahnhof Wilhelmsruh.

An der Oranienburger Chaussee hatte der Kulturkreis Frohnau ein regelrechtes Volksfest organisiert. Mindestens doppelt so viele Menschen wie an der Rupplner Chaussee kamen zu der großen Verbrüderung zwischen Hohen Neuendorf und Frohnau, also über hunderttausend. Auf der Frohnauer Seite gab es vierzig Stände, in Hohen Neuendorf waren es fünfzig bis sechzig. Außerdem gab es ein buntes Rahmenprogramm mit Musikkapellen, Gesangsvereinen und Tanzgruppen. Im Gegensatz zur Grenzöffnung an der Ruppiner Chaussee gab es jetzt viel politische Werbung und sogar einen Demonstrationszug streikender Erzieherinnen. Das große Problem war der Verkehr. Bei so viel Andrang blieb dem Bezirksamt Reinickendorf nichts weiter übrig, als die Bürger zu bitten, Autos und sogar Fahrräder zu Hause zu lassen. Trotzdem war das Gedrängel natürlich riesengroß, denn wenigstens auf die Fahrräder wollten manche nicht verzichten.

Überhaupt machte man sich so langsam Sorgen, wie das nach dem großen Feiern mit dem Autoverkehr durch Frohnau werden sollte. Es war ja klar, dass die Beschränkung auf Fußgänger und Radfahrer an den Grenzübergängen keine Dauerlösung sein konnte. Zunächst sollten die Autofahrer auf der 96 durch den »Entenschnabel« bis zur Schönfließer Straße in Glienicke und dann in Richtung Norden nach Schönfließ fahren dürfen. Dort verlief die Fernstraße 96, also die von der DDR eingerichtete Ersatzstrecke, die West-Berlin umging. Heute heißt sie Bundesstraße 96a. Die Frohnauer hätten gern gleich noch einen Übergang am Fürstendamm gehabt. Die Mauer war an dieser Stelle schon abgetragen worden, weil nach der emsigen Tätigkeit der »Mauerspechte« Einsturzgefahr bestand. Ganz Ungeduldige warteten nicht auf die Fertigstellung der Chaussee, sondern fuhren mit ihren Autos verbotenerweise und ohne die damals noch übliche Kontrolle vom Fürstendamm über die Sandberge auf dem ehemaligen Todesstreifen hinüber zur Glienicker Schönfließer Straße. Die Kontrollen entfielen erst vom 1. Juli 1990 an, als die Währungsunion zwischen BRD und DDR in Kraft trat.

Da bildete sich eine Bürgerinitiative, die allen Ernstes das Ziel hatte, die B 96 zu entwidmen. Man verwies auf Umfahrungsmöglichkeiten westlich und östlich von Frohnau, nämlich auf die Autobahnzubringer in Stolpe und in Pankow. Senat und Bezirksamt dachten aber nicht daran, die 96 durch Frohnau auf-

Die B 96 am Edelhofdamm: Noch konnte man dem Pfeil nicht folgen … aber heute muss man es

zugeben. Andererseits wollte man die Chaussee auch nicht verbreitern und rechnete damit, dass Schwertransporte die wieder hergestellte Bundesstraße ohnehin meiden würden. Und als am 21. Dezember 1990, diesmal ein Freitag, nach nur dreimonatiger Bauzeit die Oranienburger Chaussee zwischen Hermsdorf und Hohen Neuendorf freigegeben wurde, sagten die meisten doch: »Endlich!« Der Reinickendorfer Baustadtrat versprach, dass die Polizei sich schon um solche Autofahrer kümmern würde, die die neue Straße mit einer Rennpiste verwechselten.

So lief die Wendezeit nicht ohne Probleme ab. Die Freude über die Wiedervereinigung verhinderte zum Beispiel nicht, dass sich manche Frohnauer über den plötzlichen Andrang bei Aldi ärgerten. Solange es im Umland noch nicht die gleichen Einkaufsmöglichkeiten wie bei uns gab, bildeten sich vor dem Aldi-Laden am Ludolfingerplatz lange Schlangen, und ein speziell eingerichteter Ordnungsdienst der Ladenkette suchte zu verhindern, dass ein Kampf um die Einkaufswagen entbrannte. Wir gaben es vorübergehend auf, bei Aldi in Frohnau einzukaufen, sondern fuhren weiter nach Waidmannslust, wo der Andrang geringer war. Jetzt fahren wir zum Einkaufen manchmal ins Umland, wo die Läden und Märkte auch die Frohnauer anlocken. Und die Frohnauer Geschäftsleute freuen sich über jeden Kunden, egal woher er kommt.

# 16 Frohnau und seine Straßen

Stellen Sie sich einmal vor, jemand würde seinen Wohnort folgendermaßen beschreiben: Am Bahnhof gibt es den Bahnhofsplatz und den Cecilienplatz. Vom Bahnhofsplatz geht unter anderem der Barbarossakorso und der Franziskanerweg ab, und am Cecilienplatz finden Sie die Kronprinzenallee, die Veltheimpromenade und die Straße Am Kaiserpark. Wenn Sie bei dieser Beschreibung auf Frohnau tippen, sind Sie heimatkundlich gut bewandert. Dann wissen Sie auch, dass die Auskunft spätestens Anfang 1937 gegeben worden sein muss. Vom April 1937 bis zum August 1938 bekamen die genannten Straßen und Plätze neue Namen: Ludolfingerplatz, Ludolfingerweg, Welfenallee, Zeltinger Platz, Wiltinger Straße, Zeltinger Straße und Edelhofdamm. Das klingt schon etwas vertrauter, nicht wahr?

Obwohl Frohnau noch keine hundert Jahre alt ist, gab es häufig einen Wechsel bei den Straßennamen. Viele Straßen hatten zunächst einmal Zahlen, bevor sie richtige Namen bekamen. Die Straße, in der ich wohne, hatte einmal die Nummer 185, ehe sie 1910 Nibelungenstraße genannt wurde. Die östliche Parallelstraße Im Amseltal war anfangs die Straße 186. Am 2. Juni 1937 wurde sie quasi verlängert, als die kleine Einbahnstraße südlich vom Maximiliankorso, die die Nummer 146 trug, ihr zugeschlagen wurde. Die Alemannenstraße, die westlich von der Nibelungenstraße verläuft, hieß noch bis 1922 Straße 142.

Aber auch als die Frohnauer Straßen richtige Namen hatten, wurde immer wieder einmal etwas geändert. Bemerkenswert dabei ist, dass in der Nazi-Zeit kein NS-Vertreter auf Frohnauer Straßenschildern zu finden war. Nur der heutige Ludwig-Lesser-Park wurde damals mit dem Namen des (1932 getöteten) SA-Mannes Ernst Schwartz versehen.

Im Januar 1961 holte die Umbenenneritis auch mich ein. Als ich mit dem Fahrrad zum Bahnhof fahren wollte, stieß ich an der nächsten Ecke auf einen mir unbekannten Straßennamen: Stolzingstraße! Etwas verwirrt fuhr ich wieder zurück bis zum nördlichen Ende der Nibelungenstraße, und was sah ich? Die Hennigsdorfer Straße war verschwunden und statt dessen macht sich da eine Neubrücker Straße breit. Als ich nun endgültig zum Bahnhof fuhr, war ich heilfroh, dass auf meinem Wege nicht noch weitere Straßen ihren vertrauten Namen verloren hatten. Das Ganze hatte natürlich damit zu tun, dass wir postalisch nicht mehr in Frohnau, sondern in Berlin 28 wohnten, schrecklich! In jedem Postbezirk durfte ein Straßenname nur einmal vorkommen. So verlor die mit Kastanien gesäumte Allee ihren schönen Namen und wurde mit einer Verbeugung vor Richard Wagner und seinen »Meistersingern« eine einfache Straße, die fortan den Namen eines jungen Ritters aus Franken zu tragen hatte. Merkwürdigerweise verlor auch die Hermsdorfer Kastanienallee ihren Namen, obwohl keine dritte Straße in Berlin 28 so hieß.

Zunächst gab es nur am südwestlichen Teil der »Allee« Kastanien, dort, wo die Straße deutlich breiter ist als ihr restlicher größerer Teil, und erst, nachdem man auch zwischen Münchener und Hennigsdorfer (Neubrücker) Straße Kastanien gepflanzt hatte, verlor die Straße ihren so passenden Namen. Auf den Kastanienbäumen gab es zur entsprechenden Zeit Maikäfer. Und wer in einer kleinen Schachtel »Schornsteinfeger«, »Müller« oder gar »Kaiser« mit zur Schule brachte, stieg im Ansehen seiner Mitschüler. Da das Bäumeklettern sowieso eine unserer Lieblings-

Die Maikäfer-Bäume

beschäftigungen war, suchten wir die Kastanien immer wieder einmal nach Beute ab. Es war allerdings schwierig, die schon etwas älteren Bäume zwischen Münchener und Hainbuchenstraße zu besteigen. Die untersten Äste lagen außerhalb unserer Reichweite, und Leitern hatten wir natürlich nicht. So kletterten wir auf einen Gartenzaun, ergriffen einen etwas nach unten hängenden Ast und hangelten ihn entlang, bis wir zum Stamm und den übrigen Ästen kamen, ein nicht ganz ungefährliches Unterfangen. Nicht immer war uns das Jagdglück hold, aber ob mit Maikäfern oder ohne sie, irgendwann mussten wir wieder zur Erde zurück. Und da passierte es. Ich rutschte beim Zurückhangeln ab und landete mit dem Rücken auf dem harten Pflaster des Bürgersteigs. Ich muss da eine Weile gelegen haben, denn als ich die Augen wieder aufschlug, standen viele Menschen um mich herum und beratschlagten, was sie mit mir machen sollten. Aber ich stand schnell auf und schlich schuldbewusst nach Hause.

Schon vorher war mir einmal eine Kletterei an der Kastanienallee schlecht bekommen, und zwar dauerhaft. Zwischen der Münchener Straße und dem Gralsritterweg gab es ein Wäldchen, das später zum größten Teil einem neuen Teich weichen musste. Hier befand sich ein herrlicher Kletterbaum mit weit ausladenden Ästen. Auf und unter diesem Baum spielten wir an einem Tage des Jahres 1947 »Einkriegezeck«. Das ging eine ganze Weile gut und machte ordentlich Spaß, bis ich plötzlich unter einem Ast hindurchlief. Da sprang – natürlich unabsichtlich – ein Spielkamerad im Eifer des Gefechts auf meinen Rücken. Da ich gebeugt lief, klappte ich wie ein Taschenmesser zusammen, wobei mein Mund auf meinen Knien aufschlug. Das äußerst schmerzhafte Resultat war, dass zwei der oberen Schneidezähne nach hinten standen und zum Kauen zunächst nicht mehr zu gebrauchen waren. Das war schon schlimm genug. Dazu kam aber noch, dass in dem Haus, in dem wir nach dem Krieg ein paar Jahre wohnten, am nächsten Tag Hochzeit gefeiert wurde. Die Eltern der Braut hatten aus ihrem Dorf allerlei Köstlichkeiten herangeschafft, und der Bräutigam war Koch bei der französischen Besatzungsmacht. Wie das in unserem Hause duftete! In der schlimmen Zeit von 1947 winkten ungeahnte Genüsse. Aber nicht für mich. Nur unter Schmerzen gelang es mir, etwas Hühnerbrühe zu schlürfen; Braten, Torten, Kuchen und alle etwas härteren Speisen blieben den anderen vorbehalten.

Dagegen ist die dritte Begebenheit vollkommen harmlos, aber aus irgendeinem Grunde ist auch sie mir im Gedächtnis haften geblieben. Wir fanden es damals ungeheuer witzig, fremden Menschen blöde Fragen zu stellen. So gingen wir die Kastanienallee entlang und fragten die uns entgegen kommenden Erwachsenen, ob sie uns sagen könnten, wo die Kastanienallee sei. Einige durchschauten uns, andere gaben willig die Auskunft, dass wir bereits am Ziele seien. Da fingen wir an, den Straßennamen zu variieren, zum Beispiel Kastanienstraße oder Kastanienweg. Und wieder erhielten wir – verbunden mit den entsprechenden Korrekturen – die geforderten Auskünfte. Schließlich fragten wir nach der Kastenstraße, aber damit hatten wir klar überzogen, und statt einer Auskunft erhielten wir den verdienten Anranzer.

Nun ja, wir hatten noch nicht so viele Unterhaltungsmöglichkeiten wie die heutige Jugend. Spielplätze gab es bei uns nicht; wir spielten entweder im Wald oder auf der Straße. Wenn ein Kind aus meiner Straße bei uns klingelte und »Klaues, komm raues« sagte, dann ging ich meistens mit und spielte mit den anderen Hopse, Kaiser – König – Edelmann, Einkriegezeck oder Zappelball. Vor Autos brauchten wir uns nicht zu fürchten, die gab es so gut wie nicht. Niemand ging auf dem Bürgersteig »nach vorne«, also zum Bahnhof, zumindest nicht in der Nibelungenstraße. Das hatte zur Folge, dass wir im Winter den Schnee nicht auf dem Bürgersteig räumten, sondern auf der Straße. Häufig hatten wir Glück, und noch kein Auto hatte den Schnee zusammengedrückt. Dann ließ sich die Straße leichter räumen.

In Frohnau gab es übrigens zwei Straßen, die aus zwei Teilen bestanden, die untereinander keine direkte Verbindung hatten. Die eine war die Gutshofstraße und die andere der Gralsritterweg. Die Gutshofstraße ist heute nicht mehr getrennt, obwohl das einige Schilder immer noch behaupten. Statt der Bezirksgärtnerei, die die Frohnauer Straßenbäume heranzog, liegt

zwischen den beiden Enden der Straße jetzt eine Siedlung, aber die gibt den Weg frei. Und 1967, zehn Jahre nachdem zwischen den beiden Teilen des Gralsritterwegs die Renée-Sintenis-Schule gebaut wurde, nannte man den nördlichen Teil Gurnemanzpfad, ohne allerdings die Hausnummern zu verändern. Mit dem Ergebnis, dass der Gurnemanzpfad mit der Hausnummer 40 beginnt. Auch eine Frohnauer Besonderheit.

## Die Gollanczstraße

In Frohnau gibt es eine Straße, die schon den vierten Namensgeber hat. Sie wurde dreimal nach Menschen benannt, die auf unnatürliche Art starben. Zwei von ihnen wurden hingerichtet, der dritte starb den Heldentod. Alle drei starben im ersten Weltkrieg. Alle vier Namensgeber hatten mit dem deutsch-britischen Verhältnis zu tun. Der vierte lebte bis 1967 und erhielt 1960 den Friedenspreis des Deutschen Buchhandels. Die Schule in der Straße trägt seinen Namen.

Zunächst hieß die Straße nach Maximilian Johannes Maria Hubertus Reichsgraf von Spee. In der deutsch-britischen Schlacht bei den Falklandinseln wurde sein Schiff, die S.M.S. Scharnhorst, am 8. Dezember 1914 zerstört, und der Vizeadmiral versank mit dem Schiff, dem kompletten Stab und der Besatzung in der Tiefe des Atlantik.

Im Jahre 1935 wollten die NS-Behörden Hans Carl Lody ehren, den Spion aus dem Ersten Weltkrieg, der schon 1914 beim Spionieren in Schottland und England ertappt und am 6. November 1914 in London hingerichtet worden war. Fortan hieß die Straße Lodystraße.

Während ihres kurzen Zwischenspiels als Besatzungsmacht in Frohnau, also in der Zeit vom 12. Juli bis zum 11. August 1945, tauschten die Briten den Straßennamen gegen den der englischen Krankenschwester Edith Cavell aus. Edith Cavell hatte

Maximilian Spee, Carl Lody, Edith Cavell, Victor Gollancz

im Ersten Weltkrieg im besetzten Brüssel unter anderem britischen Soldaten zur Flucht verholfen. Dafür wurde sie von den Deutschen am 12. Oktober 1915 hingerichtet.

Erst 1955 erhielt die Straße einen friedlichen Namen, nämlich den des britischen Verlegers Sir Victor Gollancz. Der berühmte Humanist hatte während der Nazizeit versucht, jüdischen Flüchtlingen zu helfen und nach dem Krieg den Hunger in Deutschland zu bekämpfen. Gollancz, der 1967 starb, war also, wenn die Angaben stimmen, schon zu Lebzeiten Namensgeber für eine Straße.

# 17 Wohnen in der Brennstoffsiedlung

Interview mit Irmtraud Schmidt

*Frau Schmidt, wann sind Sie nach Frohnau gezogen?*

Das war 1936. Wir hatten davor eine Dienstwohnung in der Sellerstraße am Wedding, und zwar auf dem Kohlenhof, wo mein Vater Inspektionsleiter war. Und diese Firma hat für die Angestellten das Areal in Frohnau gekauft.

*Das war wohl eine reiche Firma?*

Na ja, reich – es war eine Brennstoffgesellschaft. Sie hat auch Schulen und städtische Krankenhäuser mit Holz und Kohlen beliefert, auch während des Krieges. Also die Firma hat das Areal 1935 gekauft, und 1936 waren die Häuser fertig. Für die Angestellten wurde in Frohnau gebaut und für die Arbeiter in Heiligensee. Die Häuser dort sind ähnlich wie unsere hier, allerdings etwas kleiner und nur halb unterkellert.

*Hat die Siedlung einen Namen?*

Wir haben immer Brennstoffsiedlung gesagt. Die reichen Frohnauer haben gesagt: Aha, die Eintopfsiedlung. Damals war doch die Eintopfzeit.

*Wohnen heute noch ehemalige Firmenangehörige hier?*

Die Brennstoffsiedlung am Horandweg

Meine Nachbarin, ein fünfundsiebzigjähriger Herr und ich sind die einzigen, die schon damals hier eingezogen sind. Die anderen sind verstorben.

*Die Siedlung ist so ziemlich abgeschlossen. Gab es früher hier so etwas wie eine Gemeinschaft der Bewohner? Hat man zusammengehalten?*

Damals waren solche Siedlungen in Frohnau eigentlich nicht erlaubt. Es gab aber am Fürstendamm eine Bewagsiedlung. Das wurde erlaubt, also Siedlungen so ganz am Rande von Frohnau. Aber der Charakter der Gartenstadt sollte erhalten bleiben.

*Und wie war es nun in der Brennstoffsiedlung?*

Na ja, die hier wohnten, waren alle Kollegen meines Vaters. Die haben sich gut verstanden und sind morgens alle zusammen arbeiten gegangen. Die Frauen blieben hier. Und wir haben alle den Krieg gut überstanden. Wir Kinder hatten hier viele Freunde; wir haben zusammen gespielt, entweder auf dem Stolper Feld oder hier. Hier war ja alles Wald.

*Und haben Sie auch auf der Straße gefeiert?*

Ja, das haben wir später auch. Ich habe das immer organisiert. Wir haben zum Beispiel gefeiert, als die Siedlung 35 Jahre alt war. Da wurde auf dem Rondell Kaffee getrunken. Jeder brachte seinen Stuhl und seinen Kuchen. Und als man sich das leisten konnte, wurde auf der Straße auch gegrillt.

*Autoverkehr gab es hier nicht?*

Nein, nein, wir haben sogar die Straße abgesperrt, wenn wir hier gefeiert haben. Heute feiert man allerdings anders.

*Sie sind vom Wedding nach Frohnau gezogen, weil hier für Sie gebaut worden war. War vielleicht auch ein Grund, dass Sie im Grünen wohnen wollten?*

Nein. Der Grund war, dass mein Vater die Möglichkeit hatte, hier ein Grundstück zu kaufen. Die Bedingungen waren günstig, zum Beispiel haben wir von der Firma einen Kredit bekommen. Andere hatten nicht so viel Geld, die haben nicht gleich ausgebaut.

*Sind Sie dann in Frohnau zur Schule gegangen?*

Ich bin katholisch und wurde in der katholischen Schule in der Antonstraße am Wedding eingeschult. Die wurde 1936 in der Hitlerzeit geschlossen. Weil wir sowieso nach Frohnau zogen, bin ich dann in die Volksschule in der Lodystraße gegangen. Da gab es nur vier Klassen, Jungen und Mädchen getrennt; Jungen oben und Mädchen unten. Unser Schulleiter war Herr Weber.

Und nach der vierten Klasse bin ich 1938 auf die Mittelschule in Pankow gegangen.

*Wie war Ihre Schulzeit in Frohnau?*

Es gab immer Klüngel, Reiche, Mittlere und Arme. Wir waren auf dem Schulhof immer in Grüppchen. Wenn man zum Kindergeburtstag eingeladen wurde, dann hat man sich gefreut, wenn man in ein schönes Haus kam.

*Und warum sind Sie nach der vierten Klasse in Pankow zur Schule gegangen?*

Mein Vater hat gesagt, du studierst sowieso nicht. Mädchen heiraten, also kommt nur die Mittelschule in Frage. Er hatte sich erkundigt: Die beste Mittelschule war in Pankow, Neue Schönholzer Straße. In der Schule lernte man Nähen und Kochen und sogar noch Stenografie. Mit drei Freundinnen bin ich immer mit der S-Bahn um 7.20 Uhr gefahren, und zwar bis Wollankstraße. Von da waren es noch zwanzig Minuten Fußweg. Das ging bis 1943. Danach gab es keinen Schulunterricht mehr, denn die Gebäude wurden zu Krankenhäusern und Lazaretts gemacht.

*Sind Sie dann weiter in Berlin geblieben?*

Ja. Mein Vater wollte nicht, dass ich landverschickt wurde. Er sagte, wir wohnen hier draußen, unser Keller ist abgesteift, wir bleiben zusammen.

*Während der Fliegeralarme waren Sie also in Ihrem Keller?*

Ja. Mein Vater stand draußen und hat aufgepasst und uns gesagt, wenn die Flugzeuge gekommen sind. Dann mussten wir in den Keller. Wenn sie vorbei waren, konnten wir wieder hochkommen. Und wenn sie zurück aus Berlin kamen, mussten wir wieder in den Keller. Danach konnten wir den roten Himmel über Berlin sehen. Unser Keller hat öfter einmal gezittert, aber wir haben alles gut überstanden.

*Als dann am 22. April 1945 die Russen nach Frohnau kamen, waren Sie als junges Mädchen natürlich besonders gefährdet. Wo haben Sie sich denn versteckt?*

Also, als die Russen kamen – das werde ich nie vergessen. Es war Sonntag früh. Wir wollten gerade frühstücken, aber ich bin aus irgend einem Grund hinausgegangen und sah, wie ein Auto kommt. Erst denke ich, da kommt jemand von der Firma für meinen Vater – manchmal kam da noch jemand –, aber dann sehe ich plötzlich, dass da Russen im Auto sitzen. Die stürmten raus und ich rein. Mein Vater hat mich und meine Schwester sofort in den Keller geschickt, wo wir uns hinter dem Waschzuber verstecken mussten. Aber die Russen fragten nur, ob hier Soldaten oder Waffen sind. Mein Vater sagte nein, und so zogen die Russen weiter in die nächsten Häuser. Danach hat mein Vater sofort die Leiter aufgestellt und uns im Spitzboden versteckt. Da oben blieben wir fünf Tage, glaube ich, ohne Essen und Trinken. Dann kam die kämpfende Truppe. Die haben das Haus ausgeplündert, Teppiche und alles. Meine Eltern waren im Keller, und hier im Erdgeschoss hausten die Russen. Wir waren auf dem Boden und durften uns nicht rühren.

*Und als die schlimmste Zeit vorbei war?*

Nach der kämpfenden Truppe kamen andere Russen und danach die Engländer. Aber die bekamen wir gar nicht so richtig zu spüren, weil kurz danach die Franzosen eintrafen. Die waren nicht ganz so schlimm wie die Russen, aber es hat auch gereicht.

*Wie haben Sie sich eigentlich nach dem Russeneinmarsch ernährt? Zu kaufen gab es doch noch nichts.*

Irmtraud Schmidt

Am Bahnhof war alles ausgebrannt. Und es war sowieso alles ausgeplündert. Außerdem hätten wir uns nicht bis dahin getraut. Aber wir hatten immer Vorräte. Meine Mutter hat dafür gesorgt, dass wir Dinge wie Mehl, Reis, Öl und auch Eingewecktes hatten. Und davon haben wir in der ersten Zeit gelebt.

*Gab es eigentlich Licht?*

Nein, es gab kein Licht und auch kein Wasser. Mein Vater hat im Garten einen Ofen gebaut. Mit dem haben wir von dem Roggenmehl ohne Hefe oder Sauerteig Fladen gebacken. Wasser haben wir mit einem Handwagen dort geholt, wo Schleifer sein Gut hatte. Da gab es eine Zisterne. Aber nach ein paar Tagen wurde eine Kuh oder ein Pferd in die Zisterne geworfen, und danach war das Wasser verschmutzt, und wir durften es nicht mehr trinken.

*Ab wann gab es denn wieder etwas zu kaufen?*

Genau weiß ich es nicht, aber es hat lange gedauert. Ich weiß noch, dass ich mit einer jungen Frau, die ein fünf Wochen altes

Baby hatte, zum Bahnhof bzw. zur Senheimer Straße gegangen bin, wo wir dann lange nach Brot angestanden haben. In der Senheimer Straße gab es damals einen Bäcker. Und nur weil diese Frau ein Baby hatte, konnte sie Brot bekommen.

*Wann sind Sie denn wieder zur Schule gegangen?*

Ich ging damals schon arbeiten. Nachdem die Schule in Pankow geschlossen worden war, bin ich auf eine Privatschule gegangen, wo ich Deutsch, Stenografie, Schreibmaschine und kaufmännisches Rechnen gelernt habe. Ich habe schon im Krieg, nämlich 1944, meinen Schulabschluss gemacht. Dann wurde ich Büroanlernling in der Reichsanstalt für Getreideverarbeitung im Institut für Bäckerei. Das war meine erste Arbeitsstelle. Eigentlich hatte ich ja Auslandskorrespondentin werden wollen, weil mich Fremdsprachen interessiert haben. Aber das war im Krieg nicht möglich. Die Reichsanstalt hatte immerhin den Vorteil, dass ich meine Familie so ein bisschen mit »Versuchsbrot« versorgen konnte.

*Und was haben Sie nach dem Krieg gearbeitet?*

Ich habe bis 1948 im Institut weiter gearbeitet. Unser Direktor war ein Kommunist aus Karlshorst, der keine Ahnung hatte.

*Wo lag denn das Institut?*

In der Seestraße.

*Und wie sind Sie nach Kriegsende von Frohnau aus zur Seestraße gekommen?*

Die erste Zeit bin ich gelaufen, dreieinhalb Stunden! Ich musste mich ja bei meiner Firma melden, damit ich meine Lebensmittelkarten bekam.

*Sind Sie etwa jeden Tag dorthin gelaufen?*

Nein, weil ich einen so weiten Weg hatte, brauchte ich nur jeden zweiten Tag zu kommen. Als dann die Straßenbahn von der Seestraße nach Tegel fuhr, bin ich von Tegel aus durch den Wald nach Frohnau gelaufen. Einen Autobus gab es ja noch nicht.

*Sie sagten, Sie sind katholisch. Wie war das nach Kriegsende mit dem Besuch der Kirche in der Senheimer Straße?*

Ich habe mich nicht getraut, dorthin zu laufen. Erst waren da die Russen und dann die Franzosen, und die haben ja auch die Frauen weggeschnappt. Mein Vater hat immer gesagt, dein Vaterunser kannst du auch zu Hause beten. Erst ab etwa 1948 bin ich wieder in die Kirche gegangen.

*Sie wohnen nun schon so lange in Frohnau. Gibt es etwas, das Ihnen besonders im Gedächtnis haften geblieben ist?*

Na ja, wir haben 75 Jahre Frohnau gefeiert – da war ja noch die Mauer. Also, früher war Frohnau schöner. Jetzt sind diese hübschen kleinen Häuser zum Teil weg. Die werden abgerissen, und dann kommt so eine »Stadtvilla« dahin. Zum Beispiel das erste Haus im Horandweg, das damals schon stand, als wir nach Frohnau zogen, Horandweg 3, da ist jetzt eine Baustelle und da kommt auch eine Stadtvilla hin.

*Ja, es verändert sich viel in Frohnau – und nicht unbedingt zum Besseren. Wie sah denn die Gegend aus, als Sie hierher zogen?*

Als wir damals mit dem Auto nach Frohnau kamen und mein Vater meiner Mutter zeigte, wo unser Haus gebaut wurde, gab es im ganzen Horandweg nur ein Haus. In der Alemannenstraße war eine Laterne, und sonst gab es nichts, gerade einmal Wald, Feld und Wiese. Da sagte meine Mutter – das werde ich nie vergessen: *Hier* soll ich wohnen?! In *der* Einöde!

*War es denn so schlimm?*

Links und rechts war nur Sand. Einmal sind wir mit dem Auto stecken geblieben, als wir in den Wald fahren wollten, gleich hier rechts um die Ecke.

*Und woran erinnern Sie sich noch so?*

Mein Vater ist mit uns öfter mit dem Auto nach Stolpe zum Bauern gefahren, und dort haben wir unsere Eier geholt und unsere frischen Hühner.

*Wie sind Sie denn damals gefahren? Über den Pechpfuhlweg etwa?*

Ja, damals konnte man auf dem Pechpfuhlweg mit dem Auto fahren. Und als die Mauer fiel, bin ich mit meinem Mann gleich nach Stolpe gegangen, und da waren die Tore vom Bauernhof noch genau so wie 1939.

*Sie kennen sicher auch die »Krumme Linde«.*

Ja. Mein Onkel ist manchmal mit mir nach Hohen Schöpping an die Havel gefahren, um dort zu angeln. Und wenn wir zurückkamen, bekam ich in der »Krummen Linde« immer meine Brause. Das war etwas Besonderes.

*Das kann ich mir gut vorstellen. – Vielen Dank für das Interview, Frau Schmidt.*

# 18 Fünfundvierzig Jahre Kantor in Frohnau

Interview mit Horst Nordmann

*Herr Nordmann, Sie haben fast Ihr ganzes Leben in Frohnau verbracht, Ihr Berufsleben und den Ruhestand, aber Sie sind hier nicht geboren, nicht wahr?*

Nein, ich bin gebürtiger Hallenser. Ich bin 1912 in Halle an der Saale geboren. Mein Vater, ein gelernter Kaufmann, besaß bis 1918 eine so genannte Dampfziegelei in einem Ort bei Halle. Wir bewohnten eine Stadtvilla mit drei Stockwerken und sechzehn Zimmern.

*War denn Ihre Familie so groß?*

Nein, ich hatte nur eine Schwester. Aber es kam dauernd Besuch. Wir hatten drei Fremdenzimmer im obersten Stockwerk. Und wenn meine Eltern einmal abends weggingen, dann bat ich um die Erlaubnis, in einem der Fremdenzimmer übernachten zu dürfen. Da konnte man so schön auf die Nachbarschaft gucken.

*War Ihr Elternhaus musikalisch?*

Das kann man wohl sagen.

*Obwohl Ihr Vater eher kaufmännischen Tätigkeiten nachging.*

Mein Vater hat die Musik nicht ausgeübt; meine Mutter spielte später etwas Klavier. Aber meine Eltern gingen sehr oft in Konzerte. Ich weiß gar nicht, damals im Kriege … Es waren Platzkonzerte. Da lernte ich die Musik kennen.

*Und wie war das zu Hause?*

Meine Eltern besaßen ein Pianola; das ist ein Klavier, das man trat, und es funktionierte mit Hilfe von Walzen. Damit habe ich mich in meiner frühen Jugend beschäftigt. Ich kann mich noch sehr gut erinnern an die ganze Musik, Carmen und auch Liszt, na ja, alles, was es so auf diesen Walzen gab. Wir müssen so an die fünfzig Walzen gehabt haben.

*Das war also in Ihrer frühen Jugend.*

Ja, und als ich fünf Jahre alt war, bekam ich in Halle den ersten Klavierunterricht. Die Klavierschule hieß: »Der junge Pianist«.

*Damals war ja der erste Weltkrieg.*

Ja, der Krieg brachte viel Unglück. Wir Jungen liefen immer zum Bahnhof, wenn die Züge mit den Verwundeten ankamen, die in Autos zum »Weißen Haus« gebracht wurden. Das war das große Lazarett in Halle.

*Und nach dem Krieg, was haben Sie da gemacht?*

Erst einmal war Revolution. Es begann die große Mordserie der Kommunisten. Der Kommunistenführer Hölz, der schnappte sich doch tatsächlich die Studenten und hängte sie am Baum auf. Es war eine furchtbare Zeit.

*Sie kamen dann gerade in die Schule, nicht wahr?*

Noch nicht. Mein Vater konnte nicht mehr in Halle bleiben. Sein Schwiegervater war Malermeister in Rudolstadt in Thüringen. Mein Vater übernahm das Farben-, Tapeten- und Teppichgeschäft,

Horst Nordmann

das damals meine Großmutter führte. Als das geschah, 1918, kam ich in die Vorschule zum Gymnasium. Das war das Fridericianum in Rudolstadt, gegründet von einem Fürsten Friedrich.

*Gingen Sie gern in diese Schule?*

Ich muss sagen, ich war ein sehr fauler Schüler. Ich war lieber in der Stadtkirche an der Orgel.

*An der Orgel? Wann fingen Sie denn an, Orgel zu spielen?*

Ich fing etwa an, glaube ich, als ich im dritten Schuljahr war. Ich hatte hervorragenden Klavierunterricht von einer ausgebildeten Pianistin, die mit einem Professor verheiratet war. Sie hieß Leinhose. Wir hatten auf dem Gymnasium lauter versierte Leute, unter anderem einen Professor, Professor Lindgren, der sechzehn Sprachen beherrschte.

*Und wie ging Ihre musikalische Ausbildung dann weiter?*

Weil ich rot-grün-blind war und das Geschäft meines Vaters nicht übernehmen konnte, sagte meine Mutter zu mir: »Du redest immerzu von Musik, warum willst du denn nicht Musik studieren?«

*Das war also Ihre Mutter, die das Musikstudium angeregt hat?*

Ja, so war es. Meine erste Orgelausbildung bekam ich bei dem Universitätsmusikdirektor Volkmann in Jena. Und ich hatte das Glück, auf der wunderbaren Ladegastorgel, die noch heute – nach ihrer Renovierung – spielbar ist, spielen zu dürfen. Da war ich, statt Schularbeiten zu machen, lieber an der Orgel. Mein Vater wollte mich dann zielgerecht ausbilden lassen. Damals konnte man Leseranfragen an die Leipziger Neuesten Nachrichten schicken, und die haben uns unter anderem Aschersleben empfohlen. Dort war eine ausgezeichnete Ausbildung in Musik überhaupt, aber besonders in Kirchenmusik. Es unterrichteten dort Seminaroberlehrer, das heißt Leute mit einer handfesten Ausbildung. Da habe ich gelernt, einen Chor zu leiten. Und es gab dort Sprachbildung: »Abraham a Santa Clara.« Ich sprach kein ordentliches »R«, nur das Rachen-»R«. Ein Gesanglehrer sagte im tiefsten Bass zu mir: »Herrr Norrrdmann, Sie haben einen so schönen Namen und können ihn noch nicht einmal aussprrrechen! Gehen Sie in den Park und üben Sie d-d-d–d-d-d–d-d-d, bis Sie das Zungen-R haben.«

*Und wie lange hat es gedauert?*

Ich meldete mich am nächsten Tag mit dem Zungen-Rrrrrrr! Es ist künstlich, man hört es. Aber ich konnte dann sprrrechen.

*Wie lange blieben Sie in Aschersleben?*

Ein Jahr. Ich hatte schon meine Fühler zur Hochschule für Musik in Berlin ausgestreckt. Ich habe dann also in der Fasanenstraße studiert. In Berlin wohnte ich bei meiner Tante in Köpenick. Von dort ging es mit der S-Bahn ganz schnell zum Zoo. Als erstes – ich hatte noch nicht einmal meine Aufnahmeprüfung – wollte ich eine Kirche mit einer Orgel haben, wo ich üben konnte. Das war die Zwölf-Apostel-Kirche am Nollendorfplatz. Ich kam zu dem Kirchendiener und fragte: »Wer ist hier Organist?« »Das ist der Kirchenmusikdirektor Lüdge.« Kirchenmusikdirektor Lüdge. Ich stellte mich vor – der hat mich sofort angenommen. Ich sagte: »Ich vertrete gerne.« Ich hatte schon bei Beerdigungen usw. gespielt. Und dieser Kirchenmusikdirektor hatte einen der alten Berufschöre. Kirchen mit Friedhof – die hatten Berufschöre. Das waren einfach vier Sopran, vier Alt, vier Tenor, vier Bass. An jedem Sonntag wurde ein Kantatensatz aus der betreffenden Sonntagskantate von Bach gesungen.

*Das waren noch Zeiten!*

Ja, so war es. Und ich bekam einfach einen Klavierauszug in die Hand gedrückt und musste daraus etwas machen. Instrumente gab es nicht. Das musste die Orgel übernehmen. Um neun Uhr Probe im Gemeindehaus mit Klavier, danach ging es hinüber in die Kirche, und dann wurde gesungen.

*So schnell?*

Na ja, das waren doch alles Berufssänger. Mit diesen Berufssängern habe ich ganze Konzerte veranstaltet. Und dann habe ich mich bei Professor Heitmann gemeldet. Den kannte ich von Radioaufnahmen. Der war damals Organist an der Kaiser-Wilhelm-Gedächtniskirche, später kam er an den Dom. Also, ich stellte mich einfach vor. Ich sagte, ich hätte vor, die Aufnahmeprüfung für die Hochschule zu machen. Die Aufnahmeprüfung fand nicht an der Hochschule statt, sondern in dem Gebäude für die kirchenmusikalische und die Schulmusikabteilung, in solch einem kleinen vorgebauten Haus vor der Technischen Universität in der Hardenbergstraße. In der Prüfung spielte ich die F-Dur Toccata von Bach auswendig. Und als der Unterricht losging, kam ich nicht zu Heitmann, sondern zu Rammin. Der war ja Thomasorganist in Leipzig und kam einmal in der Woche und unterrichtete sechs Schüler, also eine Meisterklasse, in der ich war.

*Um jetzt auf Frohnau zu sprechen zu kommen, wann ging es denn hier für Sie los?*

Ich studierte von 1932 bis 1934. In diese Zeit fiel die Machtübernahme. 1934 machte ich die Prüfung, aber da war ich schon angestellt in Frohnau.

*Wie ist es denn dazu gekommen, warum gerade in Frohnau?*

Es gab in der Hochschule einen Anschlag: Frohnau. In Frohnau war Harald Wolff Organist, der wollte nach Bremen gehen und brauchte einen Nachfolger. Ich kam also nach Frohnau und fand die Unterkunft bei Professor Wolff, dem Vater des Organisten, in der Markgrafenstraße 65, wo heute noch Hinrich Lühmann wohnt (Direktor der Humboldtschule in Tegel).

*Und wie ging es dann los in Frohnau?*

Ich fing gleich an mit regelmäßigen Orgel- und Kirchenmusiken.

*Noch in der alten Kirche in der Senheimer Straße, nicht wahr?*

Ja. Am Sonntag um neun Uhr war in der Senheimer Straße Gottesdienst und dann marschierten Pfarrer und Organist nach Glienicke, da fand um halb elf der Gottesdienst statt. Und am nächsten Sonntag war es dann umgekehrt.

*Blieben Sie gleich fest in Frohnau?*

Ja, ich musste die Zwölf-Apostel-Kirche abgeben, weil ich sonntags ja nun in Frohnau war. Aber ich gab überall Konzerte, vor allen Dingen in Potsdam. Dort hatte mich der Redakteur der Potsdamer Tageszeitung in sein Herz geschlossen und mir lauter gute Kritiken geschrieben. Ich spielte in Potsdam, in Babelsberg, in Nikolskoe, aber auch hier in der Stadt, unter anderem im Französischen Dom.

*Das war aber eine Menge!*

Ja, ich weiß gar nicht, wie ich das alles geschafft habe. Ich übernahm dann den Chor von Harald Wolff; das war ein kleiner Chor mit lauter versierten Sängern, unter anderem auch eine ausgebildete Schnabel-Schülerin, die Elli Boche. Daneben gab es noch einen Kammerchor, in dem ich mit sang.

*Erzählen Sie doch bitte noch etwas von der Johanneskirche.*

Ja, vom Bau, den habe ich ja miterlebt. Die Kirche war 1934 schon in Arbeit. Da bekam ich die Baupläne. Die Architekten waren Walter und Johannes Krüger, die Erbauer des Tannenberg-Denkmals. Nach den Bauplänen waren an der Stirnseite vier große Fenster projektiert. Da sagte ich zu Krüger: »Wenn Sie da die Orgel auf die Empore stellen, ist sie bloß dauernd verstimmt. Das ist unmöglich.« Ich war ja damals ein junger Mann, na ja. Also Krüger wandte sich an einen Orgelbauer – der hat sie aber später nicht gebaut – und der bestätigte das. Leider hatte ich etwas vergessen, dass nämlich dort, wo die Orgel stehen sollte, die Wand isoliert werden musste.

*Das war nicht vorgesehen?*

Leider nein. Da kam also die Nässe durch. Aber einer meiner Sänger, der handwerklich sehr versiert war, übernahm die Isolierung, als die Orgel schon fertig war. In Frohnau wohnte übrigens einer meiner Hochschullehrer, Professor Max Trapp, mit dem ich

Für die Vorderseite der Johanneskirche war ursprünglich der Einbau von vier Fenstern geplant

natürlich bekannt war. Wenn ich Konzerte machte, hatte ich die besten Leute. Ich hatte eigentlich bei Weißenborn Gesangsunterricht, Professor Weißenborn, aber den Gesangsunterricht konnte er nicht zu Ende führen, das machte einer seiner Schüler. Und außerdem war da der Tenor Schäfertöns. Der ist vor zwei Jahren gestorben. Ich habe dann Kontakt mit seiner Frau aufgenommen – die konnte sich noch genau an die Aufführungen erinnern, die ich hier gemacht habe, zum Beispiel, als ich das erste Mal die Schütz-Passion gemacht habe.

*Wie hat sich denn der Chor entwickelt?*

Er blieb klein. In der Nazizeit kam keiner dazu. Die hatten ja alle Dienst. Ich musste nicht in die Partei, weil ich Sonnabend-

Sonntag Dienst hatte, Kirchendienst. Ich musste aber auf Parteiveranstaltungen Klavier spielen.

*Wie ging es nach dem Zweiten Weltkrieg weiter? Wann sind Sie denn aus der Kriegsgefangenschaft zurück gekehrt?*

Nachdem ich meine Frau geheiratet hatte, wurde ich 1939 eingezogen. Ich war gerade drei Monate verheiratet, da musste ich nach Frankfurt/Oder. Ich war vielleicht ein Soldat! Ich wusste nicht, was ein General und was ein Obergefreiter ist. Ich kam also nach Frankfurt/Oder zur Ausbildung, berittene Artillerie. Erster Teil des Feldzuges nach Frankreich bis zu den Pyrenäen, zurück – Sennelager, ganzer weiterer Krieg in Russland. Achtmal eingekesselt. Jedesmal rausgekommen. Rückzug, aber russische Gefangenschaft, und von da aus bin ich wieder nach Frohnau gekommen.

*Wann war das?*

1945.

*Und wie ging es also in Frohnau weiter?*

Ich konnte hier den Chor wieder übernehmen, und als ich kam, da kamen doch eine ganze Menge Leute dazu.

*Gab es auch wieder Konzerte?*

Es ging sofort los, mit Konzerten, mit Abendmusiken, mit allem. Und wieder an der schönen großen Orgel; die hat Schuke 1935 gebaut.

*Ja, das war eine schöne Zeit mit vielen kirchenmusikalischen Höhepunkten, insgesamt 45 Jahre! Im Jahre 1979 gingen Sie in den Ruhestand, aber die Musik hat Sie nicht losgelassen.*

Nein, selbstverständlich nicht. Ich bin voll im Gange. Zur Zeit treffen sich mit mir jede Woche drei virtuose Flötistinnen, die ich an der Orgel begleite. Außerdem kommt jede Woche Frau Uredat, die Konzertmeisterin in einem Laienorchester ist. Da spiele ich auf dem Flügel. Wir spielen zum Beispiel Haydns Originalwerke für Violine und Klavier, aber auch den selten aufgeführten Benda. Demnächst ist Brahms dran.

*Ich sehe, Sie stehen noch voll im Leben. Vielen Dank für das Interview, Herr Nordmann.*

# 19 Orkan über Frohnau

Der Deutsche Wetterdienst in Potsdam hatte am 10. Juli 2002 bereits um 18 Uhr Unwetterwarnung ausgegeben. Aber noch war alles ruhig. Wir saßen auf unserer Terrasse und genossen den Mittwochabend bei angenehmen 28 Grad Wärme. So schnell wollten wir uns nicht verjagen lassen. Doch kurz nach 20 Uhr erreichten uns die ersten Böen des Sturmtiefs »Anita«. Sie wurden schnell so stark, dass wir uns eilends ins Haus zurückzogen und die Fenster schlossen. Ein Blick nach draußen zeigte, dass der Sturm Äste und Zweige durch die Luft wirbelte und die Straße entlang trieb. Plötzlich hörten wir ein metallenes Klingen. Kein Zweifel, das war unser Terrassengeländer. Ich lief nach draußen, um nachzuschauen. Es war jetzt erheblich kühler als noch vor ein paar Minuten. Die Kiefer neben unserem Haus war auf halber Höhe abgeknickt, und die Krone hing neben dem Stamm herunter. Einige ihrer Äste waren auf das Geländer gefallen. Da es schon recht dunkel war, konnte ich nicht erkennen, ob sie größeren Schaden angerichtet hatten. Das Auto schien jedenfalls unbeschädigt zu sein.

Das Fernsehen brachte alarmierende Nachrichten. Zwei Kinder waren auf der Insel Schwanenwerder von umstürzenden Bäumen erschlagen worden. Fünf weitere Menschen waren getötet und 39 waren verletzt worden. Und der materielle Schaden war enorm: Abgebrochene oder entwurzelte Bäume, zerstörte Autos, abgedeckte Dächer in vielen Teilen der Stadt. Gerade einmal zwanzig Minuten hatte der Orkan dafür gebraucht. Wannsee und der Norden Berlins waren besonders betroffen. Für die Feuerwehr herrschte ab 20.17 Uhr Ausnahmezustand. Die ganze Nacht hörte man das Martinshorn und die Motorsägen. Zunächst wurde in unserer Nachbarschaft die Neubrücker Straße wieder befahrbar gemacht.

Am nächsten Morgen kam der DASS-Wagen ungewöhnlich früh zu uns. Ich musste ihm mit dem »Gelben Sack« in der Hand hinterherlaufen, denn den stellten wir normalerweise erst später auf die Straße. Ein Nachbar spurtete in gleicher Absicht mit mir. Doch diese Eile stellte sich als unnötig heraus, denn nach kurzer Zeit kam der Wagen im Rückwärtsgang ein zweites Mal die Nibelungenstraße entlang. Ein Baum hatte die ihm Durchfahrt zur Stolzingstraße versperrt. Überhaupt hatten die Sacksammler ihre Fahrtroute umstellen müssen, denn eine ganze Reihe von Straßen war unpassierbar. Deshalb also ihr frühes Erscheinen.

Ich schwang mich auf mein Fahrrad, um nach den Schäden in der Umgebung zu schauen. In der Nähe des Teiches versperrte noch ein zweiter Baum die Nibelungenstraße. Doch hier war die Sache nicht so glimpflich abgegangen. Ein PKW war von dem Baum zerquetscht worden. Das gleiche Bild bot sich in der Parallelstraße Im Amseltal. Hier standen unter einem abgebrochenen Baum die Überreste eines auswärtigen Wagens, aus dem die Besitzer ihr Eigentum zu bergen suchten. Am Bahnhof Frohnau war zu lesen, dass der S-Bahn-Verkehr unterbrochen war. Mehrere Bäume lagen zwischen Hermsdorf und Frohnau auf den Gleisen. Schlimm hatte der Sturm auch auf dem an die Bahnstrecke angrenzenden Friedhof gewütet. Er wurde wegen zahlreicher Gefahrenquellen für Besucher gesperrt. In der Burgfrauenstraße wurde eifrig gesägt, um dem 225er Bus den Weg zu bahnen. Häufig waren es gar nicht die Feuerwehr oder das Technische Hilfswerk, die die herabgestürzten Bäume aus dem Wege räumten, sondern private Gartenbaubetriebe. Im ganzen Ort war das Gekreische der Motorsägen zu hören.

Der Einsatz der Gartenbaubetriebe auf öffentlichem Straßenland führte dazu, dass sie für private Anliegen nicht zur Verfügung standen. Der Herr vom Reinickendorfer Grünflächenamt, den ich nach zahlreichen Wählversuchen endlich am Telefon hatte, ließ sich nur kurz den Schaden an unserer Kiefer beschreiben, dann erteilte er fernmündlich die Genehmigung für eine Fällaktion. Wie sich später herausstellte, gab es allein in Reinickendorf 2 700 Baumschäden, darunter 1 800 Totalschäden. Vierhundert Straßenbäume hatten den Sturm nicht heil überstanden. Kein Wunder, dass man Genehmigungen für Fällungen von Gartenbäumen erteilte, ohne die Schäden in Augenschein zu nehmen. Wahrscheinlich musste auch so mancher unbeschädigte,

aber den Besitzer störende Baum bei dieser Gelegenheit daran glauben.

Die Genehmigung war also leicht zu bekommen, nicht aber eine Firma, die sich bereit erklärt hätte, den Fällauftrag auch anzunehmen. Aber ich hatte Glück. Eine kleine Heiligenseer Firma sagte zu, unsere sturmgeschädigte Kiefer erst einmal in Augenschein zu nehmen, die Gefahrensituation durch Absägen einiger Äste zu entschärfen und am darauf folgenden Wochenende die Fällung vorzunehmen. Als die Nachbarn die Baumfäller bei uns bemerkten, kamen sie herüber und versorgten die Firma mit weiteren Aufträgen. Sie hatten am Telefon nicht das Glück gehabt, jemanden zu finden, der sich ihrer Baumschäden annahm. Noch wochenlang waren Baumfäller gut mit Arbeit versorgt.

Frohnau ist seit dem 10. Juli 2002 um viele Bäume ärmer. Der Orkan, der Spitzengeschwindigkeiten von bis zu 152 Stundenkilometern erreicht haben soll, hat auch im Tegeler Forst große

Schäden angerichtet, die bis heute sichtbar sind. Wohl aus Geldmangel sind bisher kaum neue Bäume gepflanzt worden. Lücken im Bestand der Straßenbäume sind manchen Menschen allerdings nicht unlieb, denn zuweilen ermöglichen sie neue Parkplätze. Überhaupt gehen die Frohnauer mit ihren Straßenbäumen recht sorglos um und verdichten mit schweren PKWs fortwährend die Erde auf den Bürgersteigen. Einen Sturm wie den vom 10. Juli 2002 hatte es in Berlin zuletzt am 13. November 1972 gegeben. Es ist zu befürchten, dass die Abstände zwischen derartigen Naturereignissen wegen der Klimaveränderung geringer werden. Irgendwann kann es dazu kommen, dass die Gartenstadt Frohnau zu viele Bäume und damit ihren Charme verliert.

# Quellen und Literatur

## Gedruckte Quellen

*Christa Beckmann (chb):* Kurse und Exkursionen für junge Überflieger, in: Berliner Morgenpost, 22. 10. 2003

*Berliner Fahrgastverband IGEB e.V. (Hg.):* S-Bahnhof Frohnau, Gartenstadt und Nordbahn, Signal Sonderheft 1985

*Berliner Terrain-Centrale G.m.b.H.:* Gartenstadt Frohnau, Karte und Werbetext

*Berliner Verkehrsbetriebe [BVG] (Hg.):* Fahrplanheft, Stand am 1. Mai 1951

*Berliner Verkehrsbetriebe [BVG] (Hg.):* Winterfahrplanheft '87, Gültig ab Oktober

*Bezirksamt Reinickendorf von Berlin (Hg.):* Dokumentation der Grenzöffnungen in Berlin-Reinickendorf nach dem 9. November 1989, Berlin: Selbstverlag 1991

*Peter Bley:* Berliner S-Bahn, Düsseldorf: alba 1980, [7]2003, hier: [3]1985

*Dorothea Führe:* Die französische Besatzungspolitik in Berlin von 1945 bis 1949: Déprussianisation und Décentralisation, Berlin: Weißensee-Verlag 2001

*Thomas Golka, Horst Wieder:* Geschichte der Fürst-Donnersmarck-Stiftung: 1916–1991 [Hg. Fürst-Donnermarck-Stiftung], Berlin: Fürst-Donnersmarck-Stiftung 1991, $^{2}$1995

*Bernd & Rosemarie Hildebrandt, Christiane Knop (Hg.):* Gartenstadt Frohnau. Frohnauer Bürger erforschen ihren Ortsteil von der Gründung bis heute, Berlin: Haude und Spener 1985

*Helga Hofinger:* 40 Jahre im Dienste von Menschen mit Behinderung, in: Berliner Behindertenzeitung, 12-03 / 1-04 (siehe auch: www.berliner-behindertenzeitung.de)

*Michael Jansen:* Die Bedeutung von Straßennamen, in: Zum 90. Geburtstag Frohnaus, Sonderausgabe Mitteilungsblatt des Grundbesitzervereins der Gartenstadt Berlin Frohnau e.V., 2000 (s. a. http://www.gbv-frohnau.de/90geb3.htm)

*Sven Felix Kellerhoff (sfk):* Stationen der Verwüstung, in: Berliner Morgenpost, 1. 12. 2002

*Wolfgang Kramer:* Neues Omnibuslinien-Konzept, in: Berliner Verkehrsblätter 12/1989

*Heinz H. Krüger:* Vorwort. In: Die Gartenstadt Frohnau in alten Fotografien, Berlin: Verlag Jürgen Schacht 1981

*Peter Lemburg:* Frohnau (Fotos von Michael Haddenhorst), Berlin: Nicolai 1995

*Max Mechow:* Frohnau. Die Berliner Gartenstadt, Berlin: Stapp 1977, $^{2}$1985

*Johannes Neumann:* 90 Jahre Gartenstadt Frohnau, in: Zum 90. Geburtstag Frohnaus, Sonderausgabe Mitteilungsblatt des Grundbesitzervereins der Gartenstadt Berlin Frohnau e.V., 2000

*Sabine am Orde, Uwe Rada:* Der Orkanhimmel über Berlin, in: Die Tageszeitung (taz), 12.7.2002

*Regina Söffker:* Im Weihnachtseinsatz, in: Berliner Morgenpost, 20. 12. 2003

*Claus P. Wagener:* Im Zeichen des Adlers. Anmerkungen zur Geschichte der Kirchengemeinde Frohnau, in: Gemeindealmanach [Hg. Gemeindekirchenrat der Ev. Kirchengemeinde Frohnau], Berlin: Selbstverlag 2003

## Veröffentlichungen im Internet

*Herbert Becker:* Die Kirchen in Frohnau. http://www.frohnau-berlin.de

*Roland Böhm:* Chronik 1914, in: Bonner General-Anzeiger, 18. April 1998. http://www.goethe.de/in/d/frames/gaz/chronik1914.html

*Cavell, Edith Louisa; Gollancz, Victor.* http://www.luise-berlin.de

*Edith Cavell* Website. www.edithcavell.org.uk

*Ereignisse* in Berlin und im Berliner Nahverkehr. http://www.berliner-untergrundbahn.de

*Evangelische Schule Frohnau.* http://www.ev-frohnau.de

*Fürst Donnersmarck-Stiftung.* http://www.fdst.de

Der *Gestalter* der Gartenstadt Frohnau. Ein Gespräch mit Katrin Lesser-Sayrac, der Urenkelin des Landschaftsarchitekten Ludwig Lesser. http://www.frohnau-berlin.de

*Victor-Gollancz-Grundschule.* http://www.victor-gollancz-grundschule.de

*Helmut Griep, Elisabeth Schlickeiser [Geschichtskreis Hohen Neuendorf]:* Krankenhaus Hohen Neuendorf. http://www.hohen-neuendorf.de

*Felix Kaluza:* Ein Polizist erinnert sich an Frohnau, wie es früher war. http://www.frohnau-berlin.de

*Alice Krämer:* Das Tagebuch vom Zusammenbruch. Gesammelt, bearbeitet und begleitet von Rudolf Neumann. http:// www.frohnau-berlin.de

*Willy Krüger:* Das Kriegsende. Tagebuch, gesammelt, bearbeitet und begleitet von Rudolf Neumann. http://www.frohnau-berlin.de

*Peter Lemburg:* Die Invalidensiedlung. http://www.frohnau-berlin.de

*Ilse Lindemann:* Das Ende des Zweiten Weltkriegs in Frohnau. Tagebuch, gesammelt, bearbeitet und begleitet von Rudolf Neumann. http://www.frohnau-berlin.de

*Lodystraße.* http://www.berlingeschichte.de

Who's Who: *Carl Lody.* http://www.firstworldwar.com

*Regelung der Versorgung der Westsektoren.* Eine Anweisung der Deutschen Wirtschaftskommission, in: Berliner Zeitung, 25. Juli 1948. http://www.be.schule.de/bics/son/verkehr/blockade/presse1/gb0059.htm [www.verkehrswerstatt.de]

*Renée-Sinteneis-Grundschule.* www.renee-sintenis.cidsnet.de

*Stadt Hohen Neuendorf,* OT Stolpe. http://www.hohen-neuendorf.de

*Armin Weist:* Die geteilte Stadt; Das Vierseitige Abkommen und der Gebietsaustausch. http://www.arminweist.de

## Bildnachweis

Archive Joachim Kullmann / Peter Geißler: 35 · Heimatmuseum Reinickendorf (Archiv): 90 · Interessengemeinschaft Frohnauer Geschäfte – IFG / Walkowiak: 77 · Elisabeth Leonhardt: 110, 113 Klaus Pegler: Umschlag, 12, 15f, 18, 21, 23, 28, 31, 37, 40, 47, 49, 53, 57, 65f, 72, 75, 79f, 85, 92, 94f, 98, 99, 101, 106, 116f, 119, 123, 125, 129, 133, 139, 144 · Claus P. Wagener: 43f, 71, 149f

# Index

**Klaus Pegler**

# Es geschah in Frohnau

Frohnauer Geschichten (2)

»Neue wie alteingesessene Frohnauer werden Interessantes oder längst Vergessenes finden«, vermerkte eine Rezension des ersten Bandes. Der Autor hat sich bemüht, diesem Anspruch auch diesmal gerecht zu werden. Dazu ist er noch tiefer in die Vergangenheit der Gartenstadt gestiegen: Wie ist vieles von dem, was wir heute sehen, entstanden – die Brücken, die Türme, die »Pilze«, ja sogar die Orgeln und die Glocken? Er lässt auch einiges von dem auferstehen, was inzwischen verschwunden ist, wie die »Volksgaststätte«, die Kinderklinik, das »Waldschülerheim« oder das Spielkasino. Dazu hat er wieder alte Frohnauer befragt und ist ins Landesarchiv Berlin gefahren. Ereignisse der NS-Zeit und des »Kalten Krieges« kommen zur Sprache. Besonders ist wiederum die Verknüpfung von Tatsachen und persönlichen Erinnerungen.

Schließlich wagt der Autor den Versuch, ein Kurzporträt der Frohnauer zu zeichnen. Ein besonderes Völkchen kann man die Frohnauer bei all ihrer Unterschiedlichkeit vielleicht nennen. Aber eingebildet? Das ist doch wohl ein Vorurteil – meint jedenfalls der Verfasser.

*Der Autor:*

Klaus Pegler, geboren 1938, Studium der Anglistik und der russischen Philologie, zuletzt Lehrer an der Tegeler Humboldtschule, Urfrohnauer und inzwischen vielbeschäftigter Ruheständler. Mitarbeit bei der Geschichts-AG der Evang. Kirchengemeinde, der Festschrift zum 100. Geburtstag Frohnaus und der Monatsschrift »Die Gartenstadt«.

2006 · 180 Seiten · 12 x 19 cm · ISBN 978-3-88425-085-3

*Bestellungen werden erbeten über den Buchhandel oder über unseren Online-Shop* **www.alektor.de**

**Alektor Verlag** • An der Buche 20, 13465 Berlin
Fon/Fax: 0941 - 5992 - 88425 • E-Mail: email@alektor.de